大数据时代金融管理研究

冯　娟　古小刚　芦　丹◎著

全国百佳图书出版单位
吉林出版集团股份有限公司

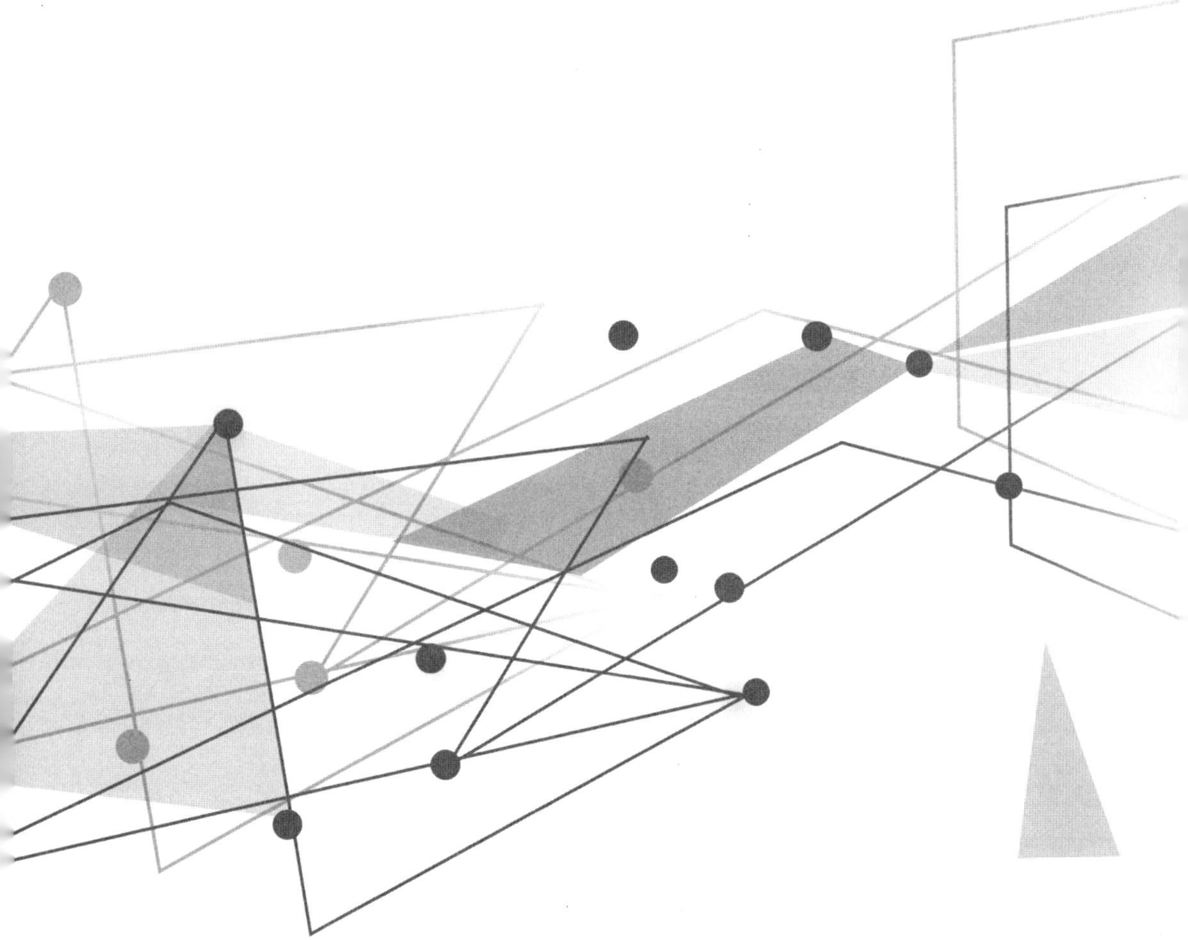

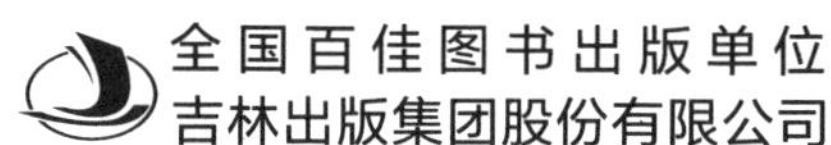

图书在版编目（CIP）数据

大数据时代金融管理研究/冯娟，古小刚，芦丹著
.--长春：吉林出版集团股份有限公司，2024.4
ISBN 978-7-5731-4784-4

Ⅰ.①大… Ⅱ.①冯…②古…③芦… Ⅲ.①互联网络－金融－信息安全－安全管理－研究 Ⅳ.①F830.49

中国国家版本馆CIP数据核字(2024)第070691号

DASHUJU SHIDAI JINRONG GUANLI YANJIU

大数据时代金融管理研究

著　　者：冯　娟　古小刚　芦　丹
责任编辑：欧阳鹏
封面设计：冯冯翼
开　　本：710mm×1000mm　1/16
字　　数：200千字
印　　张：10
版　　次：2024年4月第1版
印　　次：2024年4月第1次印刷

出　　版：吉林出版集团股份有限公司
发　　行：吉林出版集团外语教育有限公司
地　　址：长春市福祉大路5788号龙腾国际大厦B座7层
电　　话：总编办：0431-81629929
印　　刷：长春新华印刷集团有限公司

ISBN 978-7-5731-4784-4　　定　　价：60.00元

前　　言

随着网络和信息技术的不断普及，人类产生的数据量正在呈指数级增长，而云计算的诞生，更是直接让我们快速进入了大数据时代。“大数据”作为时下最时髦的词汇之一，已开始向各行业渗透辐射，颠覆了很多传统行业的管理和运营思维。在这一大背景下，大数据也触动着金融行业管理者的神经，搅动着金融行业管理者的思维；大数据在金融行业释放出的巨大价值吸引了许多金融行业人士的兴趣和关注。探讨和学习如何借助大数据为金融行业的经营和管理服务，也是当前该行业管理者所面临的挑战。为此，笔者撰写了本书。

在本书的编写过程中，笔者参阅了国内外大量的相关教材、著作和论文，参考了很多专家、学者的观点，在此一并表示深深的感谢！由于笔者水平所限，加之时间仓促，书中难免存在不足之处，恳请各位专家和读者批评指正，多提宝贵意见，以便再版时修改，使本书日臻完善。

2024 年 1 月

目　　录

第一章　大数据及相关技术阐述

第一节　大数据技术

2010年前后，大数据技术伴随着云计算、互联网等技术，在传统的数据分析技术基础上发展起来。大数据技术的产生，实现了存储与处理大规模数据的质的飞跃，大数据技术是推动整个金融科技发展的基础技术。

一、大数据技术概述

对于大数据的具体定义，不同的机构有不同的表述，主要指的是对于超大规模的、复杂的数据，通过专业的、创新的处理办法和技术，能够快速、有效地获得我们需要的信息。

大数据技术是一系列相关技术的集合，从数据采集开始，到数据预处理技术、数据存储技术、数据分析挖掘技术，数据可视化是大数据应用的最终结果呈现。大数据可视化要贴近用户的需求，易于使用、易于理解，以最小误差传递大量的信息。

二、大数据与金融结合的应用

我国大数据的应用涉及领域非常广泛，并实现了相关产业的深入发展。金融行业信息化程度高，大数据技术在金融行业领域的应用已逐渐细化和深入，如在客户分类选择、营销方式、风险管理等方面具有很大的作用，为金融机构科学决策、差别定价、业绩提升，以及提高整体竞争力提供了有力支撑。

（一）基本架构

大数据技术通过大量的、有效的、多样的数据，进行深度的清洗、整合、分析挖掘，可以得到数据内在的关联及所映射的风险信息。其与金融的结合也是在大数据基本平台上，通过大数据的核心技术，为金融领域提供成熟的大数据应用服务。

（二）应用基本情况和主要场景

大数据和金融的结合一方面表现在大数据企业直接进入金融领域的应用，另一方面表现在金融机构充分利用大数据技术来发展自身的业务。

大数据企业以 BAT 为代表，已经在银行、保险等金融业务领域进行了广泛的融合。

金融科技更关注的还是现代金融机构如何通过应用大数据这一基础技术对自身相关业务进行更深入、更准确的处理，并能够提高效率和效益，降低风险。

1. 客户管理

金融机构主要通过采集非结构化行为等准确了解客户，减少不必要的程序，实现精准营销、打造良好客户使用体验，提高交易成功的概率，发现潜在客户，扩大客户量。

2. 大数据征信

为解决传统征信的不足，将大数据技术运用到征信中是必然的结果。大数据征信就是将海量数据信息经过大数据技术的处理后，用于证明一个人或企业的信用状况。大数据可以通过分析信息主体的互联网行为、社交行为、

传感器监测记录等各种类型的数据，发现信息主体行为与信用之间的相关性，提供更为全面、真实有效的信息。大数据征信的成本相对于传统征信更低，可以应用于经济金融活动的各个方面。

3. 信贷风险管理

大数据风控在金融领域运用较为成熟的场景为信贷管理。大数据应用于信贷管理整个过程中，从获客、审核、授信到贷后。大数据能够在整个金融机构风险控制过程中提高准确性、预警性和效率。在贷款中和贷款后的管理中，大数据的运用可以大大降低成本，高效地追踪和监测每一笔贷款。

关系人图谱是现代反欺诈应用场景中最重要的手段。银行根据客户关系网络，利用大数据技术可以构建客户关系图谱，分析挖掘客户各类信息之间的关联性，实现客户信息从局部到全网、从静态数据到动态智能的跨越，发现潜在的风险并预判风险传导路径、概率、影响客群等各方面。

4. 反洗钱

随着互联网和移动支付等技术的发展，反洗钱的难度也越来越大。有效利用大数据技术，从各种信息中进行关联分析，对反洗钱等各种金融犯罪行为也具有积极的作用。

第二节　人工智能

人工智能这一概念于1956年首次提出，其在发展中遭遇瓶颈期，近年来随着互联网和其他金融科技的发展，人工智能技术也有了重大突破，各国纷纷部署人工智能发展战略。人工智能成为金融科技发展的关键技术。

一、人工智能概述

人工智能（AI）是利用数字计算机或者数字计算机控制的机器模拟、延伸和扩展人的智能，感知环境、获取知识并使用知识获得最佳结果的理论、方法、技术及应用系统。

人工智能技术在基础硬件技术基础上，还包括语音类技术、尝试学习等算法、语言类处理技术和视觉技术等。这些技术相互作用，共同构成人工智能技术。

二、人工智能技术与金融结合的应用

我国人工智能发展迅猛，人工智能技术已经广泛应用于工业、农业、商业、医学、教育等多个领域，在提高效率和人民生活质量等方面发挥着广泛作用。其在金融领域的应用更加广泛，可以用于服务客户、网络金融安全、授信过程、风险防控和监督、投资理财等方面，增强金融服务的个性化和效率化，为我国金融行业健康快速发展提供了技术保障。

（一）智能投顾

智能投顾是利用人工智能技术，主要在线上为投资人提供一个对话场景，满足客户各种投资、理财或其他需求，提高效率，实现合理化的配置。智能

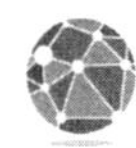

投顾的优点主要表现在：最优的组合策略、差异化分析、效率高、服务范围广等。

目前，市场上的智能投顾主要是与传统投资顾问相互补充，为用户提供建议或者自动配置产品。智能投顾将是一个巨大的潜在市场。

（二）智能客户服务

智能客户服务运用的人工智能技术通过不断地完善和改进变得更加成熟，可以进一步深入地为更多的客户服务，满足个性化的要求，提高服务质量。发展智能客服能够减少金融机构的人力使用，并提供每天 24 小时的服务。智能客服的优点主要有：服务形式多样、服务时间长、服务成本低、服务效率高。

目前智能客服的应用主要为线上服务，线下则体现为智能机器人客服。

（三）智能监管

运用人工智能技术和大数据服务金融监管，实现金融风险的防范。其使用大数据、人工智能技术对客户的行为数据、非结构化数据进行整合分析，使其风险防控能力更加强化与智能化，同时也提升了客户体验，利用事中反欺诈技术的支持，在提高风险防控能力的同时减少客户认证的方式。

腾讯云的保险反欺诈服务通过 AI 风险控制模型，准确定位在申保、核保、理赔等业务环节中所遇到的恶意隐瞒、过度投保等各种各样的恶意行为。

（四）自动生成报告

投资银行与证券研究工作在日常业务中会有大量的具有固定模式的报告需要撰写。通过人工智能技术可将这一烦琐的工作模式化，自动生成报告。

自动生成报告主要利用了人工智能技术当中的自然语言处理技术，通过巨大异构数据的转换与分析，生成报告的基本内容。

（五）人工智能辅助量化交易

在基金交易中，利用人工智能有关技术建立模型，通过学习预测证券的未来趋势，组成一个最优的投资组合，完成整个交易过程。

第三节　云计算技术

云计算是分布式计算的一种，它是大数据技术及人工智能技术的有力支撑。随着大数据及人工智能的战略性发展，云计算技术也必然成为不可或缺的重要技术而被世界各国重视。

一、云计算技术概述

云计算技术提供的是一种服务模式，由专业人员进行管理，使用者只需要用少量的成本就能快速、便利地应用大量的资源，满足各种不同的需求。

二、云计算计算的特点

（一）规模大

“云”的规模是超级大的，各个云计算服务商为满足需求，不断增加服务器数量，因此其规模也越来越大。同时，云计算服务商通过专业人员的维护和管理，为客户提供具有巨大规模的平台和资源。

（二）虚拟化

虚拟化是云计算最为显著的特点，其突破了时间、空间的界限通过虚拟平台对相应终端操作完成数据备份、迁移和扩展等。虚拟化技术包括应用虚拟和资源虚拟两种。

（三）弹性伸缩

主要体现在“云”的规模可以随时根据用户使用的需求而调整和选择，对于一些突然增加的需求也能够及时满足。用户可以利用应用软件的快速部署条件来更为简单快捷地扩展自身所需的已有业务及新业务。

（四）成本低

对于使用者来说，将资源放在虚拟资源池中进行统一管理在一定程度上优化了物理资源，用户不再需要购置昂贵、存储空间大的基础设备，也不必花费过多资金进行维护和管理，只需要花费相对少的资金即可通过云计算获得优质、高效的服务。

（五）风险性

网络存在着很大的安全隐患，不法分子可能会通过云计算技术对网络用户和商家的信息进行窃取，还有可能出现黑客的攻击、病毒等问题。云计算中储存的信息很多，同时云计算中的环境也比较复杂，云计算中的数据可能会出现被滥用的现象。

三、云计算与金融结合的应用

金融科技企业大多以云计算技术为依托，主要结合大数据技术和人工智能从而改变金融行业的服务模式，云技术为金融机构提供主要业务的技术支持，实现高效、低成本的目标。

金融与云计算技术的结合，为客户提供了更加便捷的服务，只需要在终端上进行简单操作，就可以完成银行存款、理财等金融活动。阿里巴巴在2013年推出了金融云服务，还有很多金融科技企业推出了自己的金融云服务。

（一）金融云

以阿里云为例，金融云是专门针对银行、保险等金融机构提供服务的行业云，通过独立的网络集群为相关金融机构提供符合金融监管要求的云产品和服务。阿里金融云服务以云计算为支撑，在杭州、上海、深圳都有金融云数据中心，帮助金融机构的IT系统整合入云，实现快速交付，降低业务启动门槛。阿里金融云具有低成本、高弹性、高可用、安全合规等特点。

（二）提升银行业基础架构的弹性

云计算技术的推出，各个层次云平台的搭建，可以为银行业各项业务的创新发展提供便利，加快信息的共享速度。利用专业的云计算平台不仅可以大幅度地提高运行效率和质量，还可以充分体现云计算的特点，提升基础架构的弹性。银行业成功应用云计算推动业务和运营模式创新的案例有很多，如银行信用卡业务和征信系统，以及银行信贷业务，可以提高信贷数据处理能力，优化信贷业务操作。

（三）助推保险业业务发展效率化

在《中国保险业发展“十三五”规划纲要》中，已经针对保险业的发展提出要利用云计算等互联网技术，扩大服务的范围，提高要素配置的创新效率。国内已有诸多保险企业将云计算应用于信息系统创新建设中。

传统保险企业积极与新兴互联网科技公司合作，利用云计算开展全面的保险业务。腾讯公司与阳光保险合作，利用金融云平台为各种保险业务提供全面的、高效的、稳定的服务，实现保险业务的创新和发展。

保险业对于云计算在安全性方面以及标准规范方面具有迫切的需求。2019年底，经过多家机构及专家的探讨，中国保险行业协会联合中国通信标准化协会发布了关于保险行业云计算的五项标准。这些标准的规范，对于促进保险科技的发展具有重要意义。

第四节　区块链技术

一、区块链技术概述

2016 年是区块链技术发展历程中关键的一年，这一年区块链被大力关注与推广。区块链是基于多种技术融合的一个概念，在2016年由工信部发布的《中国区块链技术和应用发展白皮书》中，对区块链有如下定义：区块链是分布式数据存储、点对点传输、共识机制、加密算法等计算机技术在互联网时代的创新应用模式。

二、区块链技术与金融结合的应用

区块链已经被作为一种底层技术，在与金融业结合的过程中，改变金融行业的底层技术架构，提升金融业的核心服务能力。区块链技术与金融的结合充分体现出区块链技术自身的主要优点，可编程智能合约，安全性高，在大大减少费用的同时，快速完成交易支付。

区块链技术与金融业务实现场景搭建，在国际汇兑、保险、信用证和证券等方面都存在着巨大的应用价值。

（一）票据市场

票据是一种依赖“可信第三方”的有价凭证。当前电子票据的应用虽然提高了票据的安全性和效率，但是票据市场参与机构众多，情况仍然复杂，信用风险高。区块链技术本身的优势特点可以有效解决票据市场的许多问题，实现智能监管和风险控制。

2016 年，我国利用区块链技术开发的数字票据概念被提出，国内对区块链与票据结合的研究也在不断深入。2017 年，中国人民银行数字票据交易平台运行成功。2018 年，深圳市税务局与腾讯联合开展区块链电子发票试点工作。招商银行也顺利投产区块链电子发票服务平台。

（二）支付结算

目前支付清算主要依赖于银行体系，每笔交易都需经过银行代理，过程复杂，特别是跨境支付成本高、效率低、风险大。区块链有效解决了这些问题，提高了支付速度，而且降低了成本，安全性更高。

2018 年 6 月，蚂蚁金服首先在香港实现了基于区块链技术的跨境汇款业务。Visa 推出的跨境支付，也是在区块链技术支持下实现的。

（三）信托业务

金融机构可以利用区块链技术从根本上解决供应链金融信托真实性的问题。针对信托产品风险防范的问题，可以采用区块链技术对信托计划在尽职调查和投后管理等环节的工作内容进行存证。针对信托业务中的担保问题，区块链技术可以实现动产担保资产的实时监控和确定保证，从而解决动产抵押信贷产品在实际中的造假等问题。2017 年北方信托与 IBM 达成合作，基于区块链的解决方案，将其应用于私募股权投资业务。北方信托运用区块链技术，利用去中心化的交易网络构建可信任的交易环境，解放了大量的劳动力，提高交易处理速度和资金利用率，实时追踪信托计划，用数学算法解决信任问题，满足投资者需要更多信息披露的需求。

三、区块链驱动供应链的基本前提和价值驱动因素

在全球化经营、生产外包和低成本经济体采购的时代，供应链在多变的商业环境中已变成了更加复杂的供应网络。在过去，供应链管理的首要目标是成本最小化，而如今供应链管理的重点是弹性与协作。数字平台通过虚拟

市场的形式为供需双方创造价值以应对这些挑战。困难之处在于供应商与消费者之间的简化办法，采用这种方法时往往需要额外的资源作为保障、监测和执行物流交易。

整个端到端供应链上对商品的有效跟踪及金融资产的交易，在很大程度上取决于信息的处理方式及供应链参与者所采用的技术。因此，许多数字商业模式都是围绕着如何有效提升协调这类交易的能力而建立的。许多第三方平台开始提供一些能够节省成本、促进数据传输和捆绑营销活动的服务。在市场不对称方面，服务提供商也能解决由逆向选择、道德风险和执行违约引起的问题。此外，它们能在必要时确保交易的流动性，或促进市场出清。供应链每增加一个阶段，其复杂性和运营难度都会增加。为了提高生产力、一体化程度和竞争力，我们有必要在实践中应用不断进化的先进 IT。供应链合作伙伴通过实现商品、信息和资金流动的一致性而获益，以改善价值链整体表现、增强稳定性和增加盈余。

区块链技术及其去中心化的能力已经引起了人们对金融领域现有结构的重新思考。由于区块链的出现，参与者不再依赖于可信的中央权威机构验证交易的执行。基于分布式账本的直接交互、分散处理和自动化技术也在更广泛的领域展现了潜力。虽然供应链管理和供应链金融已经提供了许多实用工具进行集成协调和控制，但区块链技术对新业务解决方案的开发和部署具有颠覆性的潜力。基于区块链技术优于传统 IT 平台的假设，流程（物流、信息流和资金流）可以在数字化规模上进行有效的简化，从而促进业务优化并实现创新应用。本节的目的在于研究、分析和评估由区块链驱动的解决方案及其在供应链管理和供应链金融领域的应用。为了说明这一技术如何影响现有的结构、关系和程序，我们研究了两个案例，一个关注的是具体的贸易融资，另一个是从总体上对概念性的区块链技术进行应用分析。

（一）区块链驱动供应链的基本前提

物流管理的主要目标是在正确的时间，以适当的成本，将正确的产品运输到正确的地点。这种方法已经扩展到了从供应源点到消费点之间的跨公司级别，目的是在实现成本最小化的同时实现顾客价值最大化。因此，供应链管理作为一个应用更广泛的术语，在当今的企业界和学术界都是一门成熟的学科。事实上，许多企业已经认识到改善物流、信息流和资金流的必要性。在所有供应链参与者之间进行有效的资产配置和营运资本管理将会改善供应链的整体绩效并降低财务风险。针对这些好处，供应链金融提供了许多创新的金融服务和工具。在需要更高效率的地方，企业将高度依赖技术来协调产品的复杂性、细分客户、预测或进行网络设计。作为竞争优势的决定性因素，企业必须通过识别和采用新出现的技术重新考虑其现有的商业模式。接下来，我们将更深入地研究供应链中的数字化，并识别那些突显供应链管理与区块链之间的潜在交叉领域的研究问题。

1. 供应链的数字化

近年来，供应链的数字化受到了广泛的关注。随着人们对集成概念的认识逐渐深入，许多企业启动了组织结构转型。要想开发一个透明、协作性高和响应性强的供应商网络，一个先决条件是将企业的业务流程数字化，以便依靠数据为执行和决策提供支持。因此，进行整体数字化转型所需付出的努力、成本及其复杂性往往被低估。大多数供应链都起源于传统的 SCORM 中的基本流程。因为运营计划及采购、制造、交付、退货等活动，所有相关的参与者（如供应商、制造商和分销商）在横向和纵向上都存在相互联系。由于复杂性和投资关系的存在，多数二元关系建立了起来。因此，端到端的供应链仍存在视角有限、信息延迟及计划周期低效等问题。随着运营活动对技术方面的要求不断提高，我们应考虑一些其他方法。

正如迈克尔·伯克特和约翰·约翰逊及鲍里斯·奥托和休伯特·斯特勒所提出的，由数据驱动的商业模式将快速驱动供应链，使其能够基于先进算法实现更高效的运营。实时数据的集成使进一步实现完全自主的供应链，即无须人工干预即可运行的供应链成为可能。数字化流程大大缩短了交货期，并降低了运输和库存的总成本。由于信息的不断交换，供应链的敏捷性和弹性也将进一步提高。决策制定和流程自动化方面的这一重大转变对现有的组织结构具有根本性的影响。随着技术发展，数字化平台代表着集成的下一阶段，这种算法业务是基于数字化平台的。输入数据（例如，由物理设备网络中的传感器生成的数据）允许人们对敏感信息进行追踪，以预测运输过程中的变化。物联网已经落地的领域在信息通信技术（ICT）、数据安全和数据处理等方面的技术需求很可能会呈指数级增长。

近年来，数字化和互联互通的需求迫使企业对其商业模式进行调整。供应链实践者应该考虑这些影响并提高相关的能力。长期目标是实现供应链端到端的数字化，以及基本业务流程、风险和资金流的数字化。在此基础上，人们有必要改变孤立的观点。为了应对这些挑战，独立的企业需要相互协调和协作，以创建整体的、数字化的供应链。

当今的数据流仍然是孤岛式且不透明的。因此，区块链技术可以通过支持组织内以及组织之间的数据传输发挥中心的作用。它可以处理内部业务流程（如工作流程的简化和自动化）并优化供应链合作伙伴之间的信息交换，当信息流仅由集中化的记录和闭环组成时，区块链将传统的结构转变为分散的信息流模型。一旦连接，它就可以在点对点的数据结构的基础上实现完全的集成。通过对供应商、分销商、制造商或客户进行无缝连接，它可以为任何类型的操作创建一个高级的、由数据驱动的中枢。

区块链主要在金融领域得到了发展和应用。其中一个潜在的应用就是智能合约，它提高了贸易、结算和国际支付的效率，并增强了安全性。虽然这种颠覆性创新的概念已经传播到了其他行业，但它可否被采用取决于其独立的市场潜力。它在物流行业创造的交易额已经达到 9 810 亿欧元。它的特点是多主体网络和在合作伙伴之间存在大量的交易，区块链之类的可替代的 ICT 结构被认为非常有吸引力并具有潜在市场。许多较小的研究项目也反映了这种潜力。

供应链合作伙伴之间不同操作的状态通过计算机文件进行创建、读取、更新或删除。虽然关注的重点是决策、计划、订货和确认，但区块链确保了在全周期内所有相关数据的及时、准确记录和不可变更。这是因为，所有分散的供应链节点在分布式账本中能够持续同步，为所有利益相关者提供一致和共享的信息来源。相反，传统的企业解决方案则是以集中和孤立的方式对数据进行存储。这不仅会导致单个节点容易出现故障和被篡改，还会导致信息不对称。区块链应用允许供应链向数据驱动型的运营方式转变，并将所有参与主体和客体都整合到一个平台上。这种结构的特点是可获得端到端的信息并进行实时数据交换。由于视角有限及交易的延迟（在传统的供应链上会缓慢传播），可见性和通信能力将得到显著改善。此外，它发展了供应链成员之间的信任，以维持内在的供应链价值。在用一个分散的数据库维护所有相关事务的情况下，所有供应链合作伙伴都可以利用数据源立即评估和识别需求的变化。

在计划和执行层面上可以实现实时响应，因此所有层级的供应商以及参与主体的总弹性和响应能力可实现最大化。根据哈尔·福伊希特万格的研究，我们还可从从业者的角度，对区块链技术赋能的供应链可实现的收益做出如下分类。

通过可见的文档和事务记录、不可变更的数据及数字化的合同关系，增强合规性和准确性。

通过优化产品透明度、原产地和欺诈检测，增强消费的安全性并使消费者对产品建立信任。

实时数据及基于平等参与主体之间可共享、可扩展的数据的运营活动。

通过改善协作和共享经济的新商业模式，实现资产、基础设施和人力资源的共享和数字化。

通过使交换和担保变得更加便利和轻松，改善资金流的变现能力及资本绩效。

可以看出，区块链技术在物流和供应链管理的不同领域已经带来了明显的商业利益。一旦其能够对单个解决方案的权衡和价值进行量化，则很可能在实践中得到广泛应用。与传统的 IT 架构相比，区块链显示出了独特的优势，而且能比简单的电子数据交换（EDI）提供更多的价值。我们认为，区块链技术也将在增强互联性方面发挥关键作用。越来越多的传感器用于增强运输过程的透明度和可追踪性，而这仅仅是物联网这个统一连续体早期阶段的表现。作为可扩展的交易层，区块链能使高级供应链系统成为一个数字化的骨干。所以，这不仅关乎能否提升效率，还关乎是否有机会创造新的颠覆性商业模式。因为这个原因，对区块链的评估和分析应该超越简化的业务流程，而且应该在全球和整体范围内进行。

2. 分布式账本是区块链技术的构成特征

为了探索区块链技术实现物流、资金流和信息流同步的潜力，我们通过辅助性分析对其可用性进行了系统的识别和评估。接下来，我们将进一步研究区块链的底层逻辑——分布式账本。分布式账本是以其基本功能命名的，它代表一种能够列出单个交易并永久汇总货币余额的日记账。

区块链技术蕴藏的潜力远远超出了其目前对 Fintech 的贡献，因此分布式账本的基本功能和效果仍不清楚。从中立的观点来看，困难在于如何确定作用范围，这阻碍了对跨学科方法和其他行业实践的深入研究。理论基础还有待确定，因为相关理论尚未形成。无论是区块链、共享账本还是分布式网络，这些不同的术语在讨论中常常是同义词，并用来解释相同的技术概念，这表明这个新领域在本质上还是模糊的。因此，我们提出并讨论了 4 个基本前提以定义其基础概念。目前关于分布式账本的知识起源于计算机科学，并且高度依赖于技术因素。为了解决供应链管理和供应链金融的相关问题，我们采用了基于系统理论背景的网络视角进行分析。在此，分布式账本被称为具有特定特征的物理或数字记录。

（1）基本前提 1

分布式账本是一种数字通信结构：账本自古以来就在商业中用于记录资产和财产的转移。账本由簿记员保管，他们负责记录各种事务。登记处经常处理有关购买、收款和付款的报表，而且它还与某一特定目标、参与者或组织有关。分布式账本将这些操作数字化，并提供了实现这一目标的基本功能。在实时信息处理对于普通员工来说已经足够的情况下，高管们更重视复杂的决策支持。决策过程通常依赖于计算密集型系统和各种数据来源。依赖程度越高，对合适的信息基础的要求就越高。分布式账本由节点和区块链本身表示，具有可扩展性和透明性，可以将不同的利益相关者聚集在一起。它建立在开放和动态的 ICT 环境中的公共资源之上。因此，一个数字化的通信基础设施得以建立，它能够以可扩展的规模覆盖组织的所有阶段。

（2）基本前提 2

分布式账本是一台信任机器：传统的簿记和会计信息系统采取的是集中式运作，而区块链技术的创新共识算法首次实现了协同创造。信任机器代表了所谓的“价值互联网”缺失的一环。基于区块链技术，会计信息系统可以在不需要第三方的情况下在去中心化网络的参与者之间建立信任。相反，传

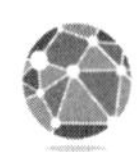

统的交易通常是中心化的，并通过一个额外的实体进行控制。信任机器可将其内容复制到数千个节点上，而不是由一个授权的账本保存证据。只要系统状态是由其确定性共识所确保的，信任就会从中心点转移到多个副本。如果不再需要中央验证，就会带来数字化的范式转变，无尽的机会随时可能出现。分散的、按时间顺序存储并加密的分布式账本的任何类型的值都将以正确的数字形式表达出来。

（3）基本前提 3

分布式账本是一种去中心化的控制体系结构：根据史蒂文·阿尔特的研究，分布式账本本身及其分布式对等物可以被定义为一个工作系统的实体结构，其中的所有流程和活动都致力于处理信息。在组织理论中，这些实体被进一步描述为子系统，它们在价值流中完成并发起任务。这些流程和活动涵盖了涉及正式工作流和高度专业化操作的所有交互。根据工作系统内的参与因素，分布式账本以节点或对等节点的形式在具有同等权限的参与者之间发挥共享计算机制的作用。个体参与者无论是通过使用服务还是通过间接地对系统做出贡献的方式达成共识，计算总是依赖于点对点网络。在中心化的处理方式下，只有一个版本的系统真相是可被访问的。在这种情况下，需要一个完全可信且具备完整性的实体管理工作系统。分布式账本代表了数字环境中的自动化解决方案，它可以部署更强大、更稳健的身份验证管理工具。基于简单的单一关系的开放体系结构支持对数据的立即访问，因为它支持在参与主体之间直接同步，并支持通过完全去中心化将信任转化为确定性。

（4）基本前提 4

分布式账本代表了一种复杂的自适应网络：在运营网络中，各种系统由多个互动的主体构成，以执行单一系统无法完成的任务。当组织转向更小的分散生产单元时，网络模型将被采用并被嵌入更大的生态系统中。价值链中的单个节点与其他公司共享共同的价值主张。因此，它们创建了整体价值网，以协作的方式将产品交付给共享的客户群。通过分布式账本对离散节点进行连接，将为现实生活中的许多系统提供了一个强大的可用于建模、描述和分析的结构。物理实体具有一定的适应性，因此可通过动态交互的形式增加复杂性。作为一种基于分布式计算和智能合约的完全自主执行结构，该方法为多层账本之间的互联提供了自相似性和可扩展性。

（二）区块链技术案例分析

根据谷歌趋势的数据，人们对“区块链”和“比特币”这两个关键词的搜索量在 2017 年一年内就增长了 10 倍。这种不断增长的关注体现在众多初创企业、公司和有关部门中，它们发现了区块链及其在不同领域和部门的功能，涵盖了从医疗保健、能源分发和所有权到可追溯性以及物流等各个方面。大型技术公司已经以新的 Baas 平台的形式将该技术集成到它们的产品组合中。本节旨在对供应链金融中具有实践价值的案例的现状进行分析，特别是贸易融资方面和供应链运营方面，以完善分布式账本的现有理论基础。

1. 应用方法

在对一般的区块链案例和应用的简要的文献综述中，我们明确了转型的潜力，并意识到了能够驱动区块链应用的相关领域。所有的发现都基于学者从 2017 年 6 月开始的为期几个月的研究。鉴于这个主题的新颖性，得到认可的主要是二手数据、白皮书、文献及网站。一方面，一些配置文件都建立在那些仅描述解决方案设计的概念性文章中；另一方面，现实中的实际应用已经在使用过程中进行了评估。然而，大多数案例仍在不断发展。根据这些标准，我们研究了区块链的部署案例，这些案例体现了多个领域中最有前途、最重要的方法。从流程的角度看，值得一提的是，区块链技术与现有的 ICT 工具或物联网应用之间存在竞争。因此，我们分析的重点是独特的主张，而不是比较技术之间的差别。我们假定，无数的潜在案例都是为了在更广阔的战略领域解决某个特定范围的问题。

为了系统地分析不同的应用，我们在分析中纳入了以下要素。

一是对涉及的关键利益相关者和受影响者进行分类说明。

二是对商业案例和主题进行简短描述和总结。

三是在成功部署后总结相关成果，并从流程的角度解决所选职能和工作流的痛点。

四是对商业模式和解决方案的复杂性进行评估。

五是对那些受影响最大的业务流程（影响是否采用的决定性因素）的属性进行说明。

六是对现状与区块链技术解决方案进行对比分析，以说明其颠覆性的潜力。

七是对未来应用区块链技术的可能性及其变革能力的潜力进行评估。

在此基础上，本节详细介绍了两个基于区块链应用的案例。一般来说，开发范围涉及从小型初创企业和领先技术公司的业务解决方案到由编程社区或研究机构引领的开源项目。区块链技术提供了革命性的潜力，它能在分析过程中发现演进、发展的机会。到目前为止，我们已经明确地发现了区块链技术的一些特征。除了上述前提，我们还提出了如下的假设和预期。

不可篡改性是区块链的一个特性，它确保了数据集的完整性，并确保交易一旦创建便不可被更改。我们假设这些功能是通过区块链本身的结构实现的，如所有权和数字化身份。

可扩展性将得到落实，以实现处理大量交易所需的可及性与数据通信。

分布式计算有望支持并促进基于复制数据源的自治。

供应链中存在信息不对称，利益相关者之间缺乏信息共享。

为了获得更深入的见解，对支持区块链技术获得实际应用的关键价值驱动因素进行强调是至关重要的。我们根据行业吸引力和行业机会对研究结果进行了系统的评价。其目标是对每个应用在业务流程层面和利益相关者层面所产生的影响进行区分。

（1）案例 1

基于区块链的贸易融资：银行的交易和支付系统经常存在一些一维场景，财务关系也可以在由额外参与者、流程和参与主体构成的供应网络中进行转移。在这个互联的网络中，几乎遍布全球的复杂连接被动态地创建、处理及改造。除了国际货物运输，资金流动尤其可以从标准化的基于区块链的财务运营网络中受益，并通过先进技术简化供应链金融中的活动。

尽管存在固有的全球结构，基于区块链的平台仍能使银行受益于风险缓解和更有效的融资。由于贸易融资是后续的过程，而且这些过程往往依赖于个体经营者维护的账本，因此区块链能够在监管控制、合规操作以及端到端的价值链运营方面显著地节约成本。因此，区块链的应用将被置于所涉及的融资机构和企业现有的 ICT 基础设施之上。虽然实物货币仍由银行保管，但用于交换的数字化资产已被合并纳入总账。

私有区块链运用共识算法，以加密的方式在预定义的时间点对已执行的交易进行密封。在一个封闭的系统中，各方可以通过建立自己的节点参与协商过程。但是，要想加入网络，首先需要获得许可。除了金钱上的激励，获得有效和安全的贸易融资解决方案还可以带来以下好处。

①协议的透明度：共享文档提供了一个防篡改的视图。

②互操作性：集中的数据总账之间的接口被删除。

③重写法律指南：智能合约可被编程以供第三方访问。

④实时处理：实时审批和检查缩短了发货时间。

⑤降低风险：提单的不可变更性消除了重复支出的风险（用同一张发票从多家融资机构获得融资）。

⑥合同确认：若满足条件，则无须人工干预即可进行更新和更改。

⑦保险：数字流程标准不允许人为错误或操纵。

⑧自动结算：智能合约可以降低费用并支持去中心化。

⑨对等交互：不需要可信中介（代理行）参与。

⑩减少欺诈：一旦所有权被封存在区块链中，所有权就得到了保证。

基于分布式账本的理论基础，该应用集成了孤立的数据集，并将参与者之间的二元关系替换为一个通用的、完全互联的系统。它允许以交易的形式进行数字通信，以支持决策制定和信任机器发起的行动。分散控制确保了一旦系统的契约条件得到满足，系统将自动执行。虽然呈现出来的能力尚不适用，但这些贸易融资结构显示了与复杂的自适应网络的相似性。

国际贸易需要通过可信的中介机构在进口商和出口商之间进行风险转移。通过在区块链上记录交易并将其复制到分布式账本上，参与者可以创建一个防止篡改的环境，并在未知参与者之间建立直接信任。

（2）案例 2

基于区块链的供应链运营：虽然区块链技术的颠覆性潜力已在金融部门得到广泛认可，但同类技术也可应用于其他许多具有高交易量、参与代理商等。尽管采用区块链技术的结果与贸易融资案例有相似之处，但重要的是确定如何在现有的商业模式中应用该技术。多级供应链的复杂性体现在货物运输过程中存在不同的信息流。虽然区块链技术有潜力实现一种集成方法，但其重点在于改进运营，而不是优化资金流。

在买方—供应商关系中，信息通过 EDI 和高度个性化的接口进行传递。因此，多种数据类型在各种集成的 IT 系统中进行操作，从而创建了一个不透明、昂贵、对错误敏感且缺乏端到端可见性的结构。区块链技术通过为所有与供应链相关的活动建立一个分布式的数据库改善信息流。从生产原材料开始，生产者就添加一个包含有关所有权状态和其他属性的相关信息的ID。运输过程中的所有更改都被添加到后续的数据区块中，并由焦点企业授权对信息进行访问。相关的代理商以及银行、消费者或中介机构等第三方直接在同一平台上进行交互。即使是传统的ICT系统也可以访问基础设施，只要该基础设施是通过网关或轻节点（LightNode）引入区块链的。但是，如果输出数据是在此系统之外处理的，那么将需要一个附加的实体对交易进行处理和验证。除了消费者选择和消费者保护的方式转变，从供应链的角度来看，区块链被广泛采用的主要驱动因素还有以下10点。

①可扩展性：参与的供应商越多，吞吐量和容量就越大。

②降低复杂性：该架构使有效分配和高效交互成为可能。

③互操作性：它是一个标准化的系统，而不是各种接口和网关。

④增强权限：对特定数据或写入功能的个性化访问。

⑤方便集成：一旦集成，复制的数据有助于验证身份。

⑥弹性：在分布式数据库中，不会出现单点故障。

⑦自动化智能合约：具备独立调用特别资源的能力。

⑧防数据篡改：不可磨灭且不易改变的交易记录。

⑨实时可追溯性：数据的即时收集、传播和维护。

⑩加强协作：共享数据、改善可见性可以改善伙伴关系。

需要强调的是，基于区块链的供应链解决方案的一个主要驱动因素是通过通信进行交互。它与分散控制相结合，可以在任何时候、在一个非同质的利益相关者结构中达成客观的共识。此外，信任机器是每个区块链技术应用程序的核心，首先实现了从集中式系统到点对点架构的转换。我们预计，供

应链在效率最高的阶段将采用复杂的自适应网络结构。

（三）基于区块链的供应链的价值驱动因素

现有概念面临的主要挑战源于不理解区块链技术如何传递价值，以及如何解决金融之外的其他行业现有商业模式的问题。市场调研已经表明，区块链技术是一个广泛的概念，拥有广泛的应用领域，初创企业、开源社区、技术公司和私人组织都可以使用它们特有的区块链解决方案获取用户。事实上，我们有必要对基于区块链的应用相比传统信息通信技术（ICT）应用的好处进行系统的分析。下面的内容侧重于区块链技术应用程序可以提供的机会，并从实践者的角度总结了相关的特性。

尽管可能实施的方式有很多，但我们可以假设不同的解决方案针对的都是更广泛的战略目标。根据归纳推理，我们已经考虑了主要的价值驱动因素，这反映了现有的基于区块链的应用面向产业应用的主要特征。为了深入分析这些应用，我们可以将价值驱动定义为区块链技术的一个更出众、更详尽的特征，以解决现有 ICT 解决方案中的痛点。它表示的是一个独特的销售主张的具体应用，并有可能在不同的领域得到广泛应用。基于个性化的方法，许多案例也得出了非常类似的结果。

我们定义了 6 个关键价值驱动因素，它们分别是安全验证和受保护的所有权，高效的资源分配、可扩展性和互操作性，去中介化和高效交互，流程和合同关系的可信自动化，透明和实时的信息共享以及自治和民主化，下面分别进行详细阐述。

1. 关键价值驱动因素 1：安全验证和受保护的所有权

第一个关键价值驱动因素与数字化对象有关，因为数字化对象需要在非可信的虚拟环境中由授权方进行批准和验证。虽然每天都有太字节（TB）级别的数据在个人用户和企业服务器之间传输，但无法保持所有权记录都是准确的。虽然安全验证和受保护的所有权并不总是备受重视或必需的，但在交换与业务流程相关的数据时常常是必需的。特别是当用信息流表示真实世界中的资产或者用数据代表数字资产（如在线票证或音乐文件）时，用准确的记录验证真实性并证明所有权是很重要的。

尽管互联网及其服务和应用程序起源于一个集中式的体系架构，但可信的第三方必须确保当下数据和流程的完整性。为此，人们通常需要把信息的存储和维护整合起来，因为安全协议和多因素身份认证是以一种严格的多向方式运行的。集中式的数据主权也引起了人们的关注。几乎所有已知的区块链应用程序都依赖于一个安全框架验证、保护所有权并保证流程的完整性。虽然关注的焦点和范围可能因个案而异，但以下特征可以归为一组。

一是减少了欺诈和操纵行为。

二是降低了交易对手风险，改善了风险转移。

三是增加了交易的可靠性和弹性。

四是简化了验证和批准流程。

五是增强了信心，重建了市场信任。

六是抵抗了外部压力和由数据驱动带来的压力。

由于构建了类似现实世界中的交换模式的虚拟系统，人们产生了对分布式的、不可变更的数据存储方式进行改进的需求。目前，我们的目标是把任何对象都数字化，并在系统内进行转移以保证其安全可靠。每个人都承认转移已经发生，也没有人质疑它的合法性。这种通用概念在有众多参与者和大量交易的情况下显示了巨大的应用潜力。

2. 关键价值驱动因素 2：高效的资源分配、可扩展性和互操作性

大多数 ICT 平台的特点是有一个中央数据库。根据此种基础架构，单个

实体和组织通常依赖于它们自己的企业资源计划系统、库存管理系统或数据库管理系统，这些系统都被嵌入高度个性化的生态系统中。虽然我们都很重视通过标准化的电子数据交互平台（EDI）对参与主体进行集成，但我们仍然对稳健的网络解决方案有明确的需求，以便在全球范围内实现交易匹配、数据交换并建立贸易关系。由数据和代理引起的日益复杂性对提升系统的可扩展性和互操作性提出了挑战。

集成系统需要分配额外的资源，因为交易请求是从发送方间接发送到接收方的。当平台持续发展时，昂贵的升级将是必要的，以防止在某一点受到限制。尽管一些集成方法通过转移所需的资源获得了成功，但是我们预计只有对系统架构范式进行转变才能从根本上解决这些效率低下的问题。通过对案例进行评估，我们识别出了下列不同的特征并将其总结为一个价值驱动因素。

一是数据需求及协议的标准化可以减少错误。

二是便捷的过程及简化的引导程序。

三是全球范围内的无缝集成。

四是接口的整合。

五是通过高效的资源分配降低成本。

六是增强匹配能力。

七是降低复杂性。

八是海量数据的处理及适应动态的能力。

九是加强协作和提高效率。

分析显示，数据库应用程序特别依赖于其交易资源的可扩展性。在由设备和硬件作为互动主体的地方，有必要进一步建立标准化的数据协议。作为活动主体，组织和实体的关注重点是互操作性和高效的资源分配。一旦某个平台在全球范围内建立数据协议，我们就可以假定该平台能够迅速获得大规模应用。

3. 关键价值驱动因素 3：去中介化和高效交互

第三个关键价值驱动因素反映了所有的特性，并解决了现有结构中与系统相关的效率低下的问题。尽管某些方面可能会得到控制，如经济约束，但我们的关注重点还是与数据交换相关的流程。从经济学的角度来看，许多组织依赖于中介机构和第三方。无论它是否涉及资金流或物流，值得肯定的是，公证或认证能够减少成本和时间方面的摩擦。由于去中介化的需求，公证或认证还能通过直接交互提升效率。

从技术的角度来看，交互处理的是对等点之间的互联，而不需要使用中心化的实体。因此，网络使平等参与者之间能够有效地交换资源。这一原则同样适用于经济领域，而且第一次有了切实可行的解决方案。除了未知的、颠覆性的潜力，这种范式的转变将使冗余、浪费和错误最小化，并对全过程的质量加以改善。因此，第三种关键价值驱动因素可用于以下八种情况。

一是消除可信的第三方和中介机构。

二是消除单点故障并减少漏洞。

三是为去中心化应用创造新的金融服务。

四是简化活动及点对点的互动。

五是降低流程成本，缩短交货周期。

六是反映现实世界的分布结构。

七是支持提高性能的分布式处理和计算。

八是实现小额支付的无摩擦交易。

我们假设基于现实世界中关系的数字化系统具有资源效率更高的流程，并且可以在时间和投入方面展现出更高的有效性。此外，这样的架构能够提供一种颠覆性的潜力，并引起一波创新性的、分散化应用的潮流。

4. 关键价值驱动因素 4：流程和合同关系的可信自动化

当手工业务流程可以实现自动化并简化管理、运营与支持性有关的工作时，就可以实现更高的活动效率。这些活动通常在信息系统上进行操作并依赖于集成的数据源。因此，实现自动化的一个决定性因素和先决条件就是实现输入数据的数字化。当传统业务解决方案在受保护的服务器上实现事件处理、业务规则及嵌入式业务机制时，其总体效率将得以提高，以满足战略目标和运营目标。为了确保自动执行，流程数据必须是可信的。因此，只要业务流程在本地服务器上执行并保存，它就需要持续进行认证。如果数据是在组织外部进行处理的，它就需要进行身份验证。这除了需要额外的身份验证周期，还需要对相关的活动进行转移，从而带来昂贵的系统升级和更新。本节提出的关键价值驱动因素通过列出基于区块链的解决方案的卓越特性来实现这一复杂而昂贵的方法，具体内容如下。

一是合同、证书以及业务规则的编码的数字化。

二是通过智能合约减少或消除人工流程。

三是自动访问管理和基于规则的协调。

四是基于灵活的合同关系简化自动化程序（智能合约）。

五是严格执行的分散管理规则和协作标准。

六是通过物理硬件和设备的集成提高自动化程度。

七是允许在现有服务中添加便捷的升级更新。

尽管各个组织（特别是服务提供商）能够从编码化、自动化的契约关系中获益，但并不是每个流程都适合自动化，因为它们具有不一样的灵活性和复杂性。匹配性平台具有参与者多、波动大、活动重复的特点，因此有可能对单个业务流程进行简化和精简。然而，先进算法的集成预示着在不久的将来很多实体将有可能实现完全自动化。

5. 关键价值驱动因素 5：透明和实时的信息共享

因为对安全框架有类似的需求，我们应该可以通过现有的系统轻松地访问实时信息。特别是在跨全球的价值链中，许多业务是在不透明的情况下进行的，并具备延迟的特征。供应链中的不同参与主体在规则、流程或责任方面仍然持有孤立的观点。因此，现有的结构会导致运营效率低下、协作受阻，并造成物流瓶颈。除了管理不善，信息不对称也会加强市场地位和垄断。在这种情况下，我们有必要打破界限，提高信息的可见性，并使信息更易于获取。这不仅会促进市场公平，还会增进诚信，从而将故障、误导和挪用的可能性降到最低。从定性分析和运营的角度来看，大多数案例都优先考虑数据的实时可访问性和记录的可获得性。根据分布式控制和消除信息不对称的目的，我们详细阐述了运用区块链技术的特征，具体内容如下。

一是增加了信息的可获得性并公平地获取信息。

二是便于获得实时数据和最新的信息。

三是根据交易历史改进了数据的一致性。

四是通过消除信息不对称，提高了市场透明度。

五是个性化的数据访问管理。

六是加强了协作。

七是为客户带来了透明度。

令人惊讶的是，实时数据的需求被认为是一个重要的缺口，我们需要将此作为区块链技术应用的一个关键特性加以弥补。尽管这种方法与数据的不可变更性紧密相连，但它提供了共享信息的方式，并且所有基于端到端的交易历史的变化都是可见的。然而，人们认为区块链技术代表的是一种替代的 ICT 结构，也支持政府和非营利组织对公共信息系统进行改造并实现民主化。

6. 关键价值驱动因素 6：自治和民主化

最后一个价值驱动力的目标是权利的分散以及信息和市场的民主化。个人（如终端消费者或公民）在访问系统和流程时会受到限制，教育和政府的组织结构中也同样存在限制。在私营部门内部，公司会利用信息不对称助长垄断，即使这是不合法的。当集中式管理的用处变成了对权利和信息进行压制时，区块链应用所具备的独有特征就变得很明显了，具体内容如下。

一是通过减少进入壁垒实现市场民主化。

二是实现分权并消除边界。

三是增进平等主体之间的协作和参与。

四是开源和共享的数据能够实现信息民主化。

五是改善向个人分配治理权的方式可以促进信息获取。

六是增加消费者的选择，保护消费者的隐私。

（四）展望

通过使用区块链等数字技术，物流活动可以日益简化，所有相关合作伙伴都能以透明的方式共享和监控与融资有关的信息，包括最新的发票状态、信用额度审查和支付等。新的数字基础设施环境允许所有的参与者轻松地访问实时信息。参与者可以不断地对商品的来源进行数字化监控。这种包容性的基础设施依赖于分布式账本。分布式账本提供所有与供应链相关的信息，并确保数据和信息在全球范围内的真实性和安全性，这大大降低了现有系统的成本和复杂性。

分布式账本的诸多构成特征，涵盖了一个从技术发展和转型到各种实际影响的框架，促进了基础 ICT 研究。所以，作为区块链的底层概念，分布式账本代表的是一种数字通信结构，一种在复杂的自适应网络中实现分散控制的信任机器。通过进行文献回顾、市场调研和现状分析，我们已经明确了相关的机会。

就结果而言，通过对通用区块链技术的应用进行评估，我们将能够识别现有供应链管理系统效率低下的问题。此外，现有的挑战产生了对供应链完全数字化的需求。新技术必须缩小差距，以便更有效地管理资金流、物流和信息流。本研究根据供应链协作的概念，揭示了区块链技术能够促进合作的独特价值主张。它还促进了相关实践，使供应链参与者可以从 6 种关键价值驱动因素中获得巨大的利益。然而，我们现阶段的基础工作主要是基于二手资源和对不同价值驱动因素的定性评估。因此，我们需要从技术和定量分析的视角提出更多的关键性问题，包括技术的可行性、集中以及分散系统之间的平衡。

因此，区块链技术很可能更适用于响应型多级供应链，其中信息的可信度和可获得性以及决策过程的自主性都可以节省更多的成本。在垂直集成水平较高、注重效率的稳定供应链中，集中式 ICT 解决方案可能是首选。同样明显的是，到底是选择区块链技术还是传统解决方案在很大程度上取决于单个供应链的构成。我们虽然提出了两个案例，但仍缺乏对其有效性的具体评价。除了理论上的讨论，更实际的研究方法也是必要的。我们可以使用场景分析甚至仿真分析对分散操作的具体关键绩效指标（KPI）进行度量。这将有助于区块链技术的进一步发展，并有利于区块链技术在不久的将来得到广泛应用。

第二章　隐私计算与金融数据融合的管理应用

第一节　隐私计算与金融数据融合应用的法律制度

鉴于数据重要性的日益凸显，全球主要国家、地区及国际组织均对其予以高度重视，并积极通过包括法律制度在内的各种手段加强数据融合应用和安全保障。总体而言，当前数据融合实践（包括金融业数据融合）仍以传统数据共享模式为主，对数据“可用不可见”等新型方案的应用探索还相对较少。相应地，相关制度安排多数侧重于加强数据保护或促进数据融合（包括数据共享）的某一方面。特别是在加强数据保护方面，根据欧洲数据保护专员公署（EDPS）统计，全球已有 100 多个国家和地区制定了数据保护相关法律，多数国家已经建立国家数据保护机构或负责数据保护的监管部门。当然，对数据安全合规和融合应用的兼顾也引起了各方一定程度的关注。例如，2015 年 12 月，联合国通过 AIRES/70/186 项决议，对其准则性文件《联合国消费者保护准则》进行了修订，在总则第 5 条中明确将“保护消费者隐私”和“全球信息自由流动”并列对待，作为第四项准则。

一、欧洲有关数据融合的制度和实践

（一）数据融合相关制度

一般认为，欧洲地区在隐私和数据（主要是个人数据）保护要求方面较为严格。例如，欧盟的《欧盟基本权利宪章》等政策法规中明确将隐私和数据保护作为两项基本权利，2018 年 5 月，《通用数据保护条例》（GDPR）正式生效，对数据主体各项权利进行了非常细致的规定，为其有效行使权利提供了坚实的法律基础。同时，欧盟还根据 GDPR 要求成立了欧洲数据保护委员会（EDPB），由各国数据保护主管部门和欧洲数据保护专员公署（EDPS）的代表组成，致力于促进各项数据保护规则在整个欧盟的统一应用，并推动欧盟各国数据保护当局之间的合作。事实上，除重视隐私和数据保护外，欧盟在立法时同样非常注重兼顾数据的融合应用，如在开放银行、开放金融、个人数据可携权，以及对非个人数据自由流动方面的实践。

依据 GDPR 及相关规定，欧盟及其成员方普遍对包括个人金融数据在内的个人数据使用提供了严格保护，强调有前提的数据使用。例如，法国数据保护局（CNIL）基于 GDPR 中数据融合应用相关内容，发布了对出于直接营销目的向业务合作伙伴披露数据行为的指南，提出直接从数据主体处收集个人数据的机构在向其他机构披露此类数据时必须遵守的五条规则。一是事先同意，即在向合作伙伴披露个人数据前必须先征得该数据主体的同意。二是合作伙伴识别，即必须确保数据主体能够通过数据收集表单等识别可能接收其个人数据的合作伙伴。为满足该要求，数据收集机构需提供一份包含所有可能接收其数据的合作伙伴表单并及时更新，或在表单过长时提供一个包含该表单信息及合作伙伴隐私政策的链接。三是合作伙伴清单变更通知，即必须将任何有关合作伙伴清单的更新告知数据主体，特别是当新增可能接收其数据的合作伙伴时。对此，最早收集数据的机构应在发送给数据主体的每份

电子邮件或营销通信中提供最新的所有数据接收者列表，其合作伙伴应在接收数据后与数据主体首次沟通时（应不超过1个月）告知对相关数据的处理。四是限制未经同意的进一步分享行为，即合作伙伴在未获得数据主体知情同意的情况下，不得进一步对外分享该个人数据。五是合作伙伴在首次与个人沟通时提供的通知，即处理个人数据以发送其营销信息的合作伙伴必须通知相关的数据主体其数据来源（如提供与其分享该数据的组织机构名称），以及个人如何行使其数据权利，尤其是其拒绝基于直接营销目的而处理其个人数据的权利。类似地，在英国信息专员办公室2019年的《数据共享行为守则》中，也对个人数据共享活动提出了相关具体要求：开展数据保护影响评估；订立数据共享协议；贯彻“问责制”原则；确定共享数据的合法性基础；确保数据共享的公平性和透明度，保障数据主体法定权利；安全地处理个人数据。

此外，欧盟于2015年通过的《支付服务指令2》相关规定陆续生效，旨在提升支付安全、增强消费者保护、促进创新和竞争，包括部分增强金融业（特别是银行业）数据开放和使用的内容。其中，第66条、第67条赋予用户对其账户信息的控制权。根据相关规定，银行应允许第三方支付服务提供商在获得个人信息主体同意后，通过应用程序接口访问客户的银行账户以及交易数据以促进相关业务办理，为传统金融机构与金融领域的新参与者加强合作奠定了共同基础。

（二）数据融合相关实践

1. 企业间（B2B）的数据共享

2018年4月，欧盟发布《关于欧洲企业间数据共享的研究》报告，从数据共享和数据再利用两方面对欧洲企业间的数据共享情况进行了研究。其中，数据共享是指（产生或收集数据的）企业使其数据可供另一家企业使用（二者既非直接竞争关系，也非分包—承包关系）的过程，侧重于数据供给方；数据再利用是指企业使用另一家非直接竞争企业提供的数据以实现自身商业目的（非分包—承包关系）的过程，侧重于数据需求方。该报告概述了企业间数据共享和再利用的政策法规及其最新情况，介绍了对欧洲数据共享情况的调查结果以及企业间数据共享的主要障碍和成功要素，并提出了促进欧洲企业间数据共享的政策建议。

数据类型方面。该报告主要侧重于由机器生成的数据，即无须人直接干预，由传感器或计算机程序、应用和服务产生的数据，主要包括由物联网及相关设备产生的数据；企业内部 IT 系统产生的与产品、服务、销售、物流、客户、合作伙伴或供应商相关的数据；客户与企业网站交互产生的数据，包括行为数据和兴趣爱好等；在众包或网页协作等模式中产生的数据。其中，企业内部 IT 数据和物联网相关数据是企业共享的主要数据类型。该报告未对个人数据和非个人数据进行区分。

共享模式方面。欧洲企业主要采用五种数据共享的模式。一是数据货币化，即企业在征得数据主体同意的前提下，通过与其他企业共享数据而获取额外收入（包括将数据集成到服务中对外提供）。二是数据市场，即由受信任的中介聚集数据供应方和数据使用方，并为其提供安全的在线平台以交换数据。三是工业数据平台。部分达成战略合作伙伴关系的企业，通过自愿加入一个封闭、安全的专属平台实现数据交换的互惠互利。四是技术推动者，即企业通过开发和实施数据共享技术方案（而非提供数据）获得收入。五是开放数据策略，即企业选择免费共享数据以促进开发新的产品和服务。

技术机制方面。报告调查显示，应用程序接口是欧盟企业间共享和再利用数据的首选方式，其他技术机制还包括文件传输协议，在线数据库或门户网站，私有应用、平台和服务、电子邮件、数据代理、工业数据平台、数据

市场、自有网站等。

共享障碍方面。报告调查显示，有超过半数以上的已开展相关实践的调研企业认为在与其他企业共享数据和再利用其他企业数据时面临障碍。与其他企业共享数据时面临的主要障碍来自技术、法规和人才等方面。其中，73%的相关企业面临技术和成本障碍，包括处理及更新大量数据的能力和相关成本、缺乏数据标准和互操作性、基础设施花费、数据质量较差、数据共享平台架构太复杂、缺乏对技术解决方案的信任；54%的相关企业面临的主要法规障碍是数据所有权界定等法律不确定性；另有 42%相关企业表示难以追踪和控制共享数据的使用情况，还有其他企业表达了对可共享数据类型的不确定性、数据本地化要求等方面的担忧；38%的相关企业面临缺乏熟练数据工作者的障碍。再利用其他企业数据的企业面临的主要障碍包括拒绝访问相关数据（66%）、数据提供方不合理的要求和要价（41%）、缺乏数据标准和互操作性（31%）、数据本地化措施（22%）和意外终止访问（13%）。

此外，该报告案例研究显示，在企业间的数据共享中，企业的技术能力和法律合规能力至关重要。技术技能包括信息技术专门知识（如软件开发人员和工程师），以便能够建立、实施和跟踪实现数据共享的基础设施和机制，并通过这些设施和机制对数据进行可视化处理。同时，法律合规能力是企业进行企业间数据共享时的一项核心能力，有助于确保关于数据的相关立法得到充分理解，帮助企业确定如何合法合规地处理数据，并对滥用数据的情况及时采取行动。

2. 企业与政府（B2G）的数据共享

在推进企业与政府数据共享方面，欧盟也非常活跃。欧盟委员会任命的企业与政府数据共享高级专家组提出了 12 项欧盟在企业与政府数据共享方面的良好实践。其中，包括两项与金融相关的实践：一是拉脱维亚“了解你的客户”（KYC）工具。由拉脱维亚财政部与环境保护和区域发展部合作，帮助企业建立一个类似信贷局的可共享 KYC 信息的工具。二是西班牙对外银行（BBVA）和联合国全球脉动（UN Global Pulse）动议利用金融数据衡量对灾难的经济抵御能力。BBVA 与 UN Global Pulse 动议合作，通过分析 10 万余个匿名和汇总后的 BBVA 客户 POS 机支付和 ATM 现金提取相关数据，探索基于金融数据分析人们在自然灾害前后的行为方式。此外，其他 10 项实践分别如下：智慧布拉格战略中的智慧出行；荷兰统计局利用船舶交通数据制作官方统计数据；奥地利智能出行信息和票务系统；车辆生成数据的共享；罗马尼亚乳腺癌治疗领域的数据共享；北欧智能政府（NSG）项目；利用船只追踪数据绘制欧盟渔业活动图；运用移动数据促进英国高速公路基础设施运营；法国“劳动力市场透明度”倡议；芬兰森林数据生态系统。

3. 金融业的“开放”模式

在金融领域，开放式数据共享模式蓬勃发展，正从开放银行理念逐步扩展至覆盖整个金融行业的开放金融。例如，2019 年 7 月，英国金融行为监管局（FCA）成立开放金融咨询小组，探讨将开放银行式数据共享扩展到更多金融产品的潜在可能。2020 年 6 月，欧洲保险和职业养老金管理局（EIOPA）在回应欧盟委员会关于数字金融战略的咨询时宣布，其正在开放金融和开放保险方面与利益相关者探讨平衡、前瞻、安全地实现开放保险的方法以及相关风险和益处。此外，2020 年 7 月，FCA 宣布正在探索数字沙盒，旨在构建一个由合成数据、匿名数据等组成的高质量金融数据集，面向旨在检测欺诈行为、提升弱势消费者财务弹性或改善中小企业融资渠道的创新机构，为其提供测试和概念验证的环境。

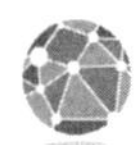

二、美国有关数据融合的制度和实践

目前，美国尚未在联邦制度层面上形成金融业或各行业普遍适用的数据融合概念，但在商业领域已有较多相对成熟的企业内部数据融合工具与应用场景。

（一）数据融合相关制度

虽然美国尚未从中央政府层面推出普遍适用的数据融合相关监管措施，但该问题已引起了一定程度的重视。2019 年 5 月，美国国会研究处发布《技术融合：监管、数字隐私和数据安全问题》报告，旨在为美国国会制定数字领域的监管制度提供立法研究支持。该报告重点讨论了技术融合场景下的数据隐私与安全问题，特别是网络入侵切入点增多导致对数据隐私和安全的威胁增加等问题，并建议美国国会设立普遍适用的数据隐私和安全相关联邦法律以应对上述威胁。事实上，美国已有多项具体领域的联邦法、联邦政策以及州法从数据隐私保护方面对数据融合进行规制（见表 2–1），相关规定主要可分为禁止性、限制性、倡导性三种类型。

表2–1　美国数据隐私保护相关的立法

名称	类型	相关内容
《联邦贸易委员会法》（1914）	联邦法	赋予美国联邦贸易委员会（FTC）在金融方面的执法权力，包括金融数据保护执法
《证券法》（1933），《证券交易法》（1934）	联邦法	证券业公司应采取措施防范数据泄露，并在证券法信息披露要求下讨论数据泄露相关问题
《通信法》（1934）	联邦法	对通信供应商提出数据保护要求
《公平信用报告法》（FCPA）（1970）	联邦法	规范消费者信用报告中的信息准确性与隐私问题
《家庭教育权利和隐私法》（1974）	联邦法	对教育机构的学生教育记录保护要求

续表

名称	类型	相关内容
《金融隐私权法》（1978）	联邦法	规范政府机构向金融机构获取客户财务信息的行为
《电子通信隐私法》（1986）	联邦法	针对窃听和电子窥探技术的隐私保护
《计算机欺诈和滥用法》（1986）	联邦法	禁止非法访问联网的计算机设备以获取信息
《视频隐私权保护法》（1988）	联邦法	包括流媒体服务和音像租赁业的个人信息保护要求
《健康保险可携性和责任法》（1996）	联邦法	包括医疗服务提供者的医疗信息保护要求
《金融服务现代化法》（GLBA）（1999）	联邦法	规定金融机构对客户信息的保密与保护措施
《儿童在线隐私保护法》（2000）	联邦法	限制通过网络途径收集和使用儿童信息
《多德—弗兰克法案》（2010）	联邦法	要求金融机构向消费者提供其相关产品或服务所涉及的消费者金融信息
《消费者金融保护法》（2010）	联邦法	赋予美国金融消费者保护局（CFPB）在消费者金融保护方面的执法权力，包括消费者金融数据保护
《消费者保护原则：消费者授权的金融数据共享和整合》（2017）	联邦政策	要求金融机构确保其金融数据的融合与共享得到消费者的充分授权，并提出部分原则性授权要求
《加利福尼亚消费者隐私法》（CCPA）（2018）	州法	旨在保护加利福尼亚州居民的非公开信息，要求公司处理消费者信息须通知消费者，并提供拒绝选项

1. 禁止性规定

目前，美国联邦层面尚无关于数据融合的严格禁止性规定，也未禁止数据买卖，不过在州法层面却存在禁止性规定，如加利福尼亚州《加利福尼

亚消费者隐私法》（2018）中明确规定：在消费者明确时，经营者不得买卖其个人信息，且经营者不得买卖16岁以下消费者的个人信息，除非得到13～16岁的消费本人或者13岁以下消费者的监护人明确授权。

2. 限制性规定

《金融隐私权法》（1978）对政府机构向金融机构获取客户财务信息的行为进行了限制：任何政府机构不得从金融机构获取其客户的财务记录副本或其中的信息，除非该财务记录是合理地做出且至少满足下列条件之一：客户已授权披露；根据行政命令或传票而披露；根据搜查令而披露；根据司法传票而披露；根据政府机构遵循本法出具的正式书面请求而披露。

《金融服务现代化法》（Financial Services Modernization Act，1999）规定了金融机构对客户信息的保密与保护措施，是美国金融领域隐私法律法规的核心。其中，第501节主要是针对客户信息共享的限制。该章节规定，金融机构一般不应向第三方披露和共享非公开的客户个人信息，除非其在书面隐私声明中明确告知其客户该披露的个人信息内容，且在向第三方共享前给予客户机会与渠道拒绝该信息共享。此外，该章节还规定了无须告知客户的例外情况，如向第三方披露是为满足为客户提供服务所必需的、相关信息需用于涉及公共安全的调查或经过客户同意等。同时，收到客户个人信息的第三方，原则上不得再向其他第三方披露该信息。2009年，美国8个相关监管机构基于GLBA联合出台了隐私声明表模板，供金融机构详细告知客户其个人信息共享的目的、范围、方式、原因，以及客户拒绝共享的途径和可能的影响，以及对个人信息的收集方式和保护手段等。

《公平信用报告法》（FCPA）（1970）主要针对消费者信用报告中的信息准确性与隐私性问题，从五个方面对消费者个人金融信息的传播进行了限制：将信用报告与调查报告做出区分，以确保二者间不相关的信息不被混淆；

信用报告只能提供给有合法商业需求的人；任何获取报告中个人信息的请求均须告知该个人信息的主体；消费者信用报告机构必须在消费者提出访问其文件的要求时提供访问；保存时限方面，除破产相关信息可超过14年外，其余信息不得保存超过7年。

《多德—弗兰克法案》（2010）第1033条规定，在消费者提出要求时，向消费者提供金融产品或服务的主体（包括金融机构）或其作为服务提供者的附属主体，应向消费者提供该主体控制或持有的提供给该消费者的金融服务或产品的相关信息。

3. 倡导性规定

2010年，美国金融消费者保护局（CFPB）发布《消费者保护原则：消费者授权的金融数据共享和整合》（以下简称《CFPB原则》），提出若干实践原则以帮助金融机构确保其数据归集、整合得到消费者充分授权，内容涉及授权访问金融数据；处理金融数据的范围和使用能力；明示告知与获取同意；授权支付；消费者数据安全；向消费者确保数据访问的透明度；数据的准确性和时效性；消费者有能力对未尽授权的访问提出异议和解决问题；有效的归责机制。CFPB强调，《CFPB原则》并非CFPB监管执法的规范性依据。

实践情况表明，美国金融业数据融合的发展更倾向于行业自治自律而非政府和立法主导。例如，富国银行、花旗银行、第一资本等金融机构纷纷设立开发者实验室并推出一系列API工具。金融行业自律组织美国金融管理局（FINRA）根据《CFPB原则》发布题为《分享前须知：留意数据融合的风险》的投资者指导意见，旨在告知投资者向数据融合者或金融服务提供者提供金融信息前可采取的自我保护措施，如衡量数据共享与数据融合的利弊、仔细阅读用户协议、确认数据融合者处理数据的必要性、了解数据融合者的数据隐私与安全保护能力和自我检查能力、停止使用服务后及时删除账号等，从

而帮助投资者降低数据隐私安全风险。美国证券业及金融市场协会（SIFMA）发布《SIFMA 数据融合原则》，针对从不同账号和机构整合客户金融数据的数据融合实践，从客户访问、数据安全与数据处理者可问责性、数据处理透明度、客户撤销同意、与第三方共享客户数据的范围和方式等方面，向其协会会员提供指导意见。国家机构清算所协会（NACHA）推出的名为 Afinis 的 API 标准，适用于该协会的会员（包括美国各大金融机构和支付机构），以确保金融服务机构间的 API 接口兼容性与运作效率。美国纽约清算所（TCH）推出数据共享模板协议，供银行、数据融合服务提供者或金融科技公司作为订立 API 相关数据共享协议的参考，并将该模板协议与《CFPB 原则》保持一致，助力保障消费者对数据的控制权、数据的透明以及系统风险的可问责性。美国金融服务信息共享和分析中心（FS-ISAC）将已有一定市场认可度的 DDA 标准授予金融数据交换机构（FDX）并正式更名为 FDX-API，由 FDX 负责完善和推广 FDX-API，以促进金融机构与金融科技公司、数据融合者等机构通过 API 实现金融数据融合共享的统一与兼容，确保客户金融数据安全，推动统一的 API 标准制定。

政府信息开放共享方面，主要以 2019 年的《循证决策基础法》所包含的《开放政府数据法》为依据。相关规定要求默认情况下政府数据应公开。这也是建设政府信息开放共享平台的主要制度依据。

（二）数据融合相关实践

美国的数据融合实践普遍采取自下而上的发展模式，即主要依靠市场参与者的商业运营发掘数据融合应用价值，政府较少进行干预。

1. 开放银行与基于 API 的数据融合

美国没有统一的开放银行政策，金融业数据融合主要依靠金融机构间的商业合同安排实现，特别是一次性数据共享协议。这些数据共享往往通过 API 实现。

个人财务综合管理方面，行业内很多头部公司已通过 API 实现和大多数美国银行的数据对接。例如，Mint 平台已和美国 99%的金融机构签订数据合作共享协议，通过 API 一站式归集数据，提供消费分析、财务规划和账单支付等增值服务。根据 2016 年数据，Mint 拥有 2 000 多万用户（即每 10 个美国人中就有 1 个人有 Mint 账户）。用户通过授权即可在 Mint 网站实时管理几乎全美所有的金融账户（如储蓄、房贷、车贷、信用卡、学生贷、退休金和股票等账户等），还能享受消费分析、财务规划和账单支付等增值服务。Yodlee 平台可访问 99%的美国银行，通过统一的 API 向消费者提供数据访问。Plaid 平台连接超过 1 700 个银行机构，通过统一的 API 向第三方提供账户访问和认证。

此外，有许多金融科技创新企业与银行签订了一次性数据合作协议。例如，富国银行与金融科技企业 Xero 和 Finicity 开展数据共享合作。美国合众银行在行业通用的 FDX 标准基础上开发了自己的数据共享 API，并与 DecisionLogic、eMoney Advisor、FileThis、Fincinily、MX Technologies 等金融科技或数据融合公司签订了消费者金融数据的共享协议，通过其 API 进行数据共享。普华永道研究认为，中等规模的银行普通股本回报率在 8% ~ 9%，而基于 API 的金融产品拓展能为其带来 2% ~ 4%的额外股本回报率增长。

2. 机器学习场景下合规的数据传输（如联邦学习）

API 旨在建立机构间数据共享的技术桥梁，并不关注数据是否应该被共享的问题，特别是在多机构共同开展云计算与机器学习的场景下，大量作为训练数据的用户个人信息未经许可被用于共享的问题。作为一种新兴的机器学习框架，联邦学习则更加注重解决隐私保护与数据合规问题。不同于传统机

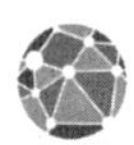

器学习方法将数据集中在单一数据中心进行训练，联邦学习是一种加密的分布式机器学习框架，允许各参与方在本地设备对自有数据进行模型训练，并仅将模型训练的迭代更新成果加密上传至云端，通过与云端其他参与者的模型更新成果相融合，对联合模型进行改进并反馈给各参与者。该框架可在各参与者不揭露底层数据的前提下，共同建立与改进机器学习模型，从而缓解传统机器学习中数据离开本地带来的数据隐私与合规问题。

在美国，已有很多企业在各领域开展基于联邦学习的数据融合尝试。例如，微软正在与一些银行合作，基于联邦学习，利用多家银行的数据进行反欺诈识别的模型训练。银行将各自模型训练的更新成果上传至微软 Azure 云服务器，供其更新联合模型并寻找欺诈归集。组织犯罪者的欺诈对象通常不限于一家银行，因此模型的训练不宜仅基于一家银行的数据。微软的联邦学习既能汲取多家银行数据的模型训练成果，又能确保各银行的保密数据不出自身系统。英特尔正在与宾夕法尼亚大学以及 19 个医疗研究机构共同开发医疗联邦学习平台，涉及生物医学图像预测等，是全球较早的联邦学习医学应用实践。对该项目的前期研究显示，联邦学习法下训练的深度学习模型准确度可达传统数据共享方法的 99%（但能实现更好的数据安全保护效果）。美国放射学会人工智能（AI）实验室采用 NVIDIA Clara 联邦学习工具，使其 38 000 多家医学成像会员得以共同建立 AI 分析模型。加利福尼亚大学洛杉矶分校（UCLA）医学中心同样在其放射学部门使用了 NVIDIA Clara 联邦学习工具，并正在考察将该联邦学习工具拓展至整个加州大学系统中的可行性。谷歌推出 TensorFlow Federated 框架，将联邦学习功能加入其 TensorFlow 机器学习模型。

三、中国有关数据融合的制度

1. 禁止性规定

我国金融业数据融合的禁止性规定主要针对金融机构所持有的个人金融信息，限制其出售个人金融信息、非出于办理相关业务目的和未经个人书面授权同意对外共享个人金融信息的情形。例如，《中国人民银行关于银行业金融机构做好个人金融信息保护工作的通知》（银发〔2011〕17 号）规定，银行业金融机构不得出售个人金融信息；向本金融机构以外的其他机构和个人提供个人金融信息，但为个人办理相关业务必需并经个人书面授权或同意的，以及法律法规和中国人民银行另有规定的除外。《中国人民银行关于金融机构进一步做好客户个人金融信息保护工作的通知》（银发〔2012〕80 号）再次强调，银行业金融机构不得向任何单位和个人出售客户个人金融信息，不得违规对外提供客户个人金融信息。《证券基金经营机构信息技术管理办法》第三十四条第二款规定，除法律法规和中国证监会另有规定外，证券基金经营机构不得允许或者配合其他机构、个人截取、留存客户信息，不得以任何方式向其他机构、个人提供客户信息。

2. 倡导性规定

当前，我国已出台多项涉及金融业数据融合应用的规定，例如政务金融信息互联互通、银税互动、银企对接，以及金融统计数据交流共享、金融控股集团内部数据共享等方面。

一是政务信息与金融信息互联互通。国务院在《推进普惠金融发展规划（2016—2020 年）》中提出，扩充金融信用信息基础数据库接入机构，降低普惠金融服务对象征信成本，通过全国统一的信用信息共享交换平台及地方各级信用信息共享平台，推动政务信息与金融信息互联互通。中国人民银行等联合发布的《关于进一步深化小微企业金融服务的意见》强调，强化公共

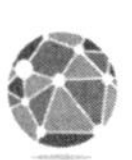

信用信息的归集、共享、公开和开发利用，并鼓励银行等金融机构在此基础上开发适合小微企业的信用融资产品。此外，《关于2018年推动银行业小微企业金融服务高质量发展的通知》《关于金融服务乡村振兴的指导意见》《关于2019年进一步提升小微企业金融服务质效的通知》等也有促进政务信息与金融信息互联互通的规定。《中华人民共和国数据安全法》还单独设立了“政务数据安全与开放”章节。

二是银税互动。针对数字普惠金融重点领域信用信息不足等问题，银行业监督管理部门、税务部门与商业银行三方开展合作，搭建银行与税收信息共享平台，支持小微企业“以税促信、以信申贷”。2015年，国家税务总局、中国银行保险监督管理委员会联合发布《关于开展“银税互动”助力小微企业发展活动的通知》指出，银税合作各方应在依法、保密、互利的原则下，充分共享纳税信用评价结果和信贷融资信息。2017年，《关于进一步推动“银税互动”工作的通知》要求加大银税信息交流力度，不仅将税务部门推送的纳税信用信息由纳税信用A级纳税人名单拓展至纳税信用A～D级企业名单、注册地址、经营地址、联系方式、法定代表人信息，还要求探索建立专线、搭建系统平台等方式实现数据直连，将银税信息互动由“线下”搬到“线上”。2019年，国家税务总局和银保监会发布《关于深化和规范“银税互动”工作的通知》，进一步要求推进“省对省”银税数据直连工作机制，明确各方数据安全管理和保密责任，规范信用信息共享范围等。

三是银企对接。近年来，工业和信息化部与证监会等部门围绕产融结合进行积极探索，为金融机构和行业企业互动协同搭建平台、建立机制，完善相关政策规定和体制机制，推动“银企对接”等多形式互动，打通产业发展、科技创新、金融服务生态链，形成产融结合、良性互动的发展格局，推动数字普惠金融发展。

四是金融统计数据交流共享。金融统计数据交流共享是指，中国人民银行和各金融机构统计部门对各项金融业务活动的情况和资料进行调查收集、整理和分析，提供统计信息和统计咨询意见，实行信息交流与共享。2018 年，国务院办公厅发布《关于全面推进金融业综合统计工作的意见》指出，应按照统一标准、同步采集、集中校验、汇总共享的流程开展金融综合统计工作，并要求建立金融业综合统计数据共享机制。

第二节　隐私计算与金融数据融合应用：技术选择

技术的创新应用，有助于提高数据处理的安全性，从而更好地平衡融合应用和安全保护需求。需要指出的是，数据安全通常包括数据保密性、完整性、可用性三方面内容，而本书所关注的支撑金融业数据更好融合的技术主要作用于数据的保密性，且其在实现数据保密性方面与传统数据安全中的保密技术应用目的有所不同。

一、各技术特点分析

（一）技术原理比较

根据基本的技术原理以及是否需要依赖可信第三方，可将支撑技术分为三种情形。

一是基于安全硬件且需要可信第三方的可信执行环境，将系统安全要求中对于操作系统和系统管理员的信任，转移到对于芯片提供方的信任。例如，

数据提供方如果怀疑某个云平台会通过操作系统权限盗取其数据，可以采用SGX技术，基于对SGX提供方的信任前提，认为操作系统无法访问其“飞地”中的数据。其基本原理类似加密机对算法和密钥的保护，通过硬件增强和软件配套，让应用程序和敏感数据都在一个安全黑盒中存储并按预期运行，具体如下：预置认证密钥，只有经过验证的应用程序才能被授权执行；内存屏蔽，让内存对操作系统及非可信应用不可见，从而保证内存安全；安全输入输出，防止通过间谍软件捕获键盘输入和屏幕输出等内容；完整性度量，保证应用程序运行时环境符合预期；远程认证，用于验证远程接入应用的合法性和系统完整性。

二是差分隐私的原理是在数据输出时，在结果中添加随机噪声。例如，通过在查询结果中添加噪声，使数据查询者无法通过多次查询结果反推出单个个体的数据。一个反例是，通过使用特定50个人的总收入减去特定49个人的总收入，反推出第50个人的具体收入。在实践中，为使个体数据无法通过统计查询识别出来，需要根据数据库中数据的统计分布选取合适的噪声机制。联邦学习是交换了梯度等数据统计信息，并保留了原始数据的有用信息以保证可用性，通过统计信息反推原始数据的难度与具体统计方法和数据本身的统计特性有关。

三是基于不可逆的数学变换，无须可信第三方的技术，包括数据脱敏和多方计算。其基本原理是对需要保护的数据进行数学变换后暴露给其他人，其保密性取决于从变换后的数据推导出变换前数据的难度（变换的不可逆性），准确性取决于最终输出结果是否有效利用了变换前的数据信息。需要注意的是，虽然数据脱敏和多方计算都基于数学变换，但其可用性和可逆性存在一定差异。其中，数据脱敏的变换主要是用不可逆的变换，但脱敏也会降低原始数据的可用性，且脱敏后数据依然容易受到侧信道攻击；多方计算主要依赖可证明的安全变换，变换后的密文结果完全随机，所有计算需要通过多方计算协议，如秘密分享、同态加密、不经意传输（OT）等在密文上进行，具有较好的可用且不可逆的特性。

（二）技术特点比较

1. 保密性

保密性指受保护的数据原文不应被数据归属方以外的参与者获得，特别是通过对融合过程中合法掌握的中间数据进行分析获得，是数据安全合规融合的首要前提。在这一方面，中间数据包括联邦学习中交换的梯度、多方计算中交换的计算因子，但不包括实现数据融合目的所必须获得的结果数据。事实上，结果数据是实现数据使用价值所必需的，由此带来的保密性问题属于业务问题，而非技术问题。值得说明的是，数据脱敏后的数据通常属于中间数据，因为它一般不是业务实现时直接使用的数据，往往需要再加工后才能满足需求。如表 2–2 所示，基于上述技术原理和示例分析，不难发现，可信执行环境和多方计算都具有密码学的正确性保证，差分隐私是另一类严格的隐私定义，保证了统计意义上的保密，而联邦学习由于采用普通数据变换的缘故，保密性与算法、数据特性相关，即使在梯度融合时采用同态加密等多方计算技术进行保护，也不能消除数据归属方获得融合后的中间模型带来的安全隐患，因此综合认定其为中等保密性。数据脱敏仅看单次的应用，也可以具备较高的保密性，但由于获得脱敏数据后，无法阻止被持续使用，经过应用关联分析，存在识别出敏感信息的较高风险，因此综合认定其为中等保密性。

表2-2　支撑技术特点对比

对比维度	技术分类				
	多方计算	联邦学习	数据脱敏	差分隐私	可信执行环境
保密性	高	中	中	高	高
可控性	高	高	低	高	中
准确性	高	高	低	低	高
高效性	低	中	高	高	中
通用性	高	中	低	中	中
适用性	重要数据应用	B2C机器学习	普通数据应用	统计分析场景	数字版权隐私增强

2. 可控性

可控性是指原始数据的用途和用量能够得到有效控制。不难看出，差分隐私、联邦学习、可信执行环境和多方计算由于最终流通的结果数据均可按照最小必要原则结合需求进行限定，挖掘原始数据其他使用价值需再次请求原始数据，可控性高。可信执行环境则由于目前技术和硬件依赖的可信第三方均为境外企业，对于国家安全、社会民生等重要领域而言，可控性和保密性都仍待进一步论证，因此综合而言其可控性为中等水平。数据脱敏则不同，脱敏后数据仍然包含大量原文，虽然其在当前需求场景下无关紧要，但可能对其他需求场景价值巨大，而数据一旦进入流通，数据归属方便失去了对用途的控制，后续使用价值挖掘将与数据归属方无关，可控性较低。

3. 准确性

准确性主要考查通过该技术处理数据得到的结果是否能与直接处理数据原文有相同的结果。回顾前述技术原理可知，可信执行环境和多方计算都具有高准确性。联邦学习结果，根据数据分布和算法不同，与数据集中式训练得到的结果有一定差别；而数据脱敏和差分隐私分别由于数据信息缺失和噪声带来的偏差，获得的结果准确性一般存在明显差距。

4. 高效性

高效性是指使用该技术进行计算相比原文计算带来的额外计算开销或性能损失，开销或损失越低表示越高效。数据脱敏、差分隐私对性能影响基本可忽略不计，都具有与采用数据集中式的传统计算方式相近的性能。可信执行环境在进行内存访问和系统调用时需多次加密解密，因此性能根据计算任务不同而存在较大差别。多方计算由于计算因子交互和密码技术的运用，计算性能相对于数据原文集中式的传统计算性能损耗最大，但也基本能满足金融、医疗、政务等行业部分应用场景的实用需求。联邦学习基于采取的数据隐藏方法和训练方法的不同，可能的效率范围也较大。

5. 通用性

通用性主要衡量是否需要根据不同应用场景进行定制。由高到低分别为多方计算、可信执行环境和差分隐私、联邦学习和数据脱敏。事实上，通用的多方计算算法针对简单的算子进行安全协议设计（如基于秘密分享的多方计算、基于协同解密的FHE），最终通过通用可组合性组合成不同的上层应用。因此，通用的多方计算技术允许用户按应用需求自主定义计算逻辑，无须进行定制化修改。同时，也存在一些专用的多方计算技术，如专门针对数据库碰撞的隐私保护集合求交（PSI）、针对数字签名的协同签名技术等。可信执行环境由于安全区域的限制，可能需要根据具体应用改造应用程序，充分利用富操作系统（Rich OS）弥补安全区域的不足；差分隐私技术则可能需要根据数据库的统计特征和分析函数选择适当的差分隐私机制；联邦学习需对现有的机器学习算法进行改造。因此，可信执行环境、差分隐私、联邦学习的通用性为中等。数据脱敏需根据不同数据和需求定制脱敏规则，通用性较弱。

其中，具有中心化模型聚合的联邦学习可设计编译技术提升通用性，非中心化模型聚合的联邦学习提升通用性则需探索与多方计算等技术融合应用。

（三）技术选用原则

对于具体的金融业数据融合场景技术选型而言，需要考虑目标需求属性、原始数据属性、法律法规要求等多方面因素，并结合不同支撑技术的特点和优势，分别考虑保密性、可控性、准确性、高效性、通用性、适用性等各方面的特色，进行综合技术选型，扬长避短，最大限度地满足业务需求。

一是目标需求属性。技术选择需要考虑业务产生的经济价值、社会价值。金融业务涉及国计民生，经济价值和社会价值较大，同时影响面广且深，宜采用具有高安全性的数据融合技术。对于业务推广性要求高的场景，如平台类业务，尤其需要优先采用更具有通用性的数据融合技术实现，如多方计算技术。业务实时性要求方面，又可分为计算实时性和体验实时性，需视具体场景而定。计算实时性要求较高的业务场景需要计算性能优越的技术组合，而体验实时性则主要要求技术的计算性能可满足用户实时性体验。需要注意的是，在用户等待期间可同时进行其他操作的情况，即使计算非实时性较低，仍可实现较好的体验实时性。相反，对无须在线实时响应，甚至可以离线计算的应用场景，数据处理体量的维度可不作重点考虑，则可以优先考虑保密性、可控性、通用性、准确性等因素。

二是原始数据属性。其可分为数据价值、数据分级、数据归属、数据有效期和数据体量 5 个具体属性，并对以上属性进行分析。其中，数据分级主要是从合规保密性要求以及数据安全受到破坏后的影响程度等方面出发，将在下文中与标准规范进行联合分析。此处，先考查另外四个具体属性：从数据价值方面看，通常，数据价值越高对融合技术的保密性、准确性要求也越高；从数据归属方面看，跨机构、跨行业、跨地域的多元数据融合时会产生更大价值，但数据泄露后的影响面也更广，具有更高敏感度，宜选择高保密性和高可控性融合技术；从数据有效期方面看，新数据特别是实时更新的数据通常比历史数据的价值更高，敏感度也高，因而若数据可实时更新但结果无须实时提供，可重点考虑保密性要求，其次考虑高效性；从数据体量方面看，数据量越大对技术的计算性能要求越高，一般宜选用高性能技术方案。

三是标准规范要求。主要通过数据敏感度分级出发，按照数据相应的安全等级要求进行分类保护。例如，2020 年发布实施的《个人金融信息保护技术规范》（JR/T 0171 — 2020）将个人金融信息划分为 C1、C2、C3 3 个敏感度类别，《金融数据安全数据安全分级指南》对金融数据的分级进行指引，《工业数据分类分级指南（试行）》将工业数据划分为一级、二级、三级。具体而言，级别越高意味着越需要保密性高的技术进行保护。对于 C3/ 三级数据，当其不可避免涉及跨机构业务分享或共享时，可考虑用加强版的高安全度支撑技术组合（如 MPC + TEE）进行保护；对于 C2/ 二级数据，建议选择高保密性和高可控性的融合技术，如多方计算；C1/ 一级数据则可以采用较低保密性和可控性的融合技术，如联合建模情况下可用联邦学习，隐私对齐的联合建模训练仍需使用多方计算，查询预测适合用多方计算或可信执行环境。需要注意的是，在数据融合使用过程中，要遵循“向上看齐”原则，即根据处理信息的最高密级选择合适的技术处理方案。

由于前述 5 种支撑技术各有特点和侧重，要最优化特定场景的准确性、隐私性和计算效率，往往需要综合运用各项支撑技术。例如，数据脱敏技术通过对关键数据的剔除或者隐藏后进行明文分享，侧重隐私合规，适用于对数据隐私要求较低的大规模数据共享，对涉及具有较高数据隐私要求的应用场景，可结合多方计算技术加强隐私保护；差分隐私技术在输出阶段添加噪声，侧重数据输出时的隐私保护，可用于需要保护输出隐私的情形；联邦学习主

要适用于参与方价值不对等的场景，如一个 B 端和若干 C 端的情形，而对于企业级的数据共享，则可在中间结果处理上结合使用多方计算技术；可信执行环境侧重使执行环境、执行过程符合预期，可为其他支撑技术提供密钥保管、计算环境安全保障和可信存证服务等；多方计算通过密码学安全的交互协议，侧重数据输入和输出的隐私性、计算过程的保密性和结果的准确性，除可结合可信执行环境约束参与方行为外，还可结合联邦学习、数据脱敏对数据进行分级处理，进一步提升整体计算效率。

需要指出的是，即便利用多种支撑技术，甚至进一步结合零知识证明、可验证计算、纠错编码等鲁棒性技术，侧重解决的是数据融合使用的数据保护问题。从整个系统的角度看，仍然需要结合访问控制、接入认证、传输加密与审计等传统数据安全技术和管理，保证数据从生产、存储、传输、使用到销毁的全生命周期安全。

二、产品架构分析

技术是中性的，但技术如何被使用有一定主观性，其背后的风险也是不同的（以区块链技术为例，不可监管的代币发行被视为非法金融活动，而监管友好的联盟链则能推动构建现代可信体系）。下文拟结合金融行业数据融合应用需求出发，进行隐私计算在金融行业的适用性分析。

不同隐私计算技术的原理和特性不同，其适用的金融应用场景也不同。当技术落地为具体的金融科技产品时，不同的产品架构在安全性、通用性、计算效率和可扩展性等方面也会有差异。从监管角度看，隐私计算技术的产品架构决定了数据流通模式，是影响数据融合风险监管的关键因素。

隐私计算技术产品架构的划分存在多个维度。例如根据参与方个数划分，有两方计算、三方计算、多方计算等；根据是否存在中心服务器，有客户端—

服务器架构、对等网络架构等。对于数据融合应用而言，隐私计算是否存在中心服务器分别对应不同的底层逻辑，进而可能对数据融合模式可监管性带来较大影响，因此本部分主要聚焦中心服务器存在情况的不同展开分析。

（一）架构分类：直连与代理计算

本部分根据数据提供方（以下简称数据方）之间是否有交互计算，即数据方是否同时也是提供算力的计算方，将隐私计算架构分为直连架构与代理计算架构进行分析。

1. 直连架构

在直连架构中，数据方直接参与隐私计算过程，即数据方同时担任计算方的角色。该架构有两种常见的形式，一是对等（Peer to Peer）网络架构，二是客户端—服务器（Client-server）架构或主—从（Master-worker）架构。

对等网络的典型例子是一种两方隐私集合求交（PSI）的实现架构。两方PSI问题指两方各有一个样本集合，希望求解两个集合的交集，但每一方不向对方暴露自身不属于交集的样本子集。该问题的典型架构如图2-1所示，两个计算参与方A和B分别部署有一个计算节点，彼此通过网络互连，在隐私计算过程中进行数据交互，从而实现双方数据参与协同运算。

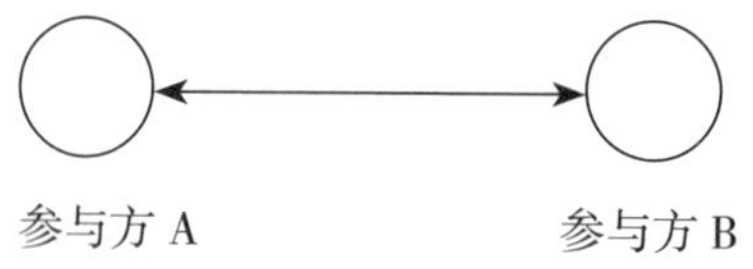

图2-1　直连架构：对等网络

客户端—服务器架构常用于特定场景的两方或多方计算，各客户端和服务器端通过网络互连，即多个客户端在服务器的协调帮助下，共同协作完成计算任务。其中，服务器也可以是数据方之一。典型的例子有纵向联邦学习

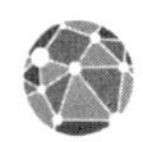

SecureBoost 算法体现的架构。

2. 代理计算架构

在代理计算架构中，数据方之间没有连接，数据方不必须是计算方，即数据方可以将对数据的计算代理给其他节点（计算方）完成。这种将数据和计算解耦合的架构可以实现高可扩展性：隐私计算产品可以在不定制设计协议的情况下，支持接入任意两方或多方的数据源完成计算任务。该架构常见的方式是由一套分布式集群执行密码学协议，如一些多方计算框架，采用代理计算模式实现直接在加密后的数据上进行计算，即通过密码学方法实现数据“可用不可见”。每个数据方将各自的数据通过秘密分享或其他密码学方法密化后上传至代理计算节点，由代理计算节点完成密文计算过程。常见的多方计算框架中通常由 2 ~ 4 个代理计算节点完成协同计算。在该架构中，数据方不作为计算方参与密文计算，数据方彼此也没有连接，这是一种典型的代理架构。

我们可以将这类架构中分布式的代理计算节点统一视为一个“虚拟的中心计算节点”，如此，这种模式也形似某种形式的客户端—服务器架构——数据方作为客户端，向服务器提供输入数据，而虚拟的中心节点作为服务器，完成计算任务。但需注意这种“虚拟的中心计算节点”和前文所述直连架构中的客户端—服务器模式有着本质的不同：分布式的代理计算节点集群是通过分布式的密文数据计算实现了去中心化的信任，代理计算节点只执行密码学协议计算，不提供输入数据。其安全性假设也和直连模式下的客户端–服务器架构不同。

此外，实践中也存在以上两种架构的混合模式，也就是说，部分数据方提供了算力，但同时又需要其他计算方进行辅助计算。这里不再一一赘述。

（二）架构对比分析

上述两种架构均可实现分布式数据协同运算，但底层逻辑存在差异，导致架构的可扩展性及易监管程度有所不同。

1. 可扩展性对比

在直连架构中，数据方和计算方绑定在一起，当有新的参与方加入时，该参与方需要与已有的数据方进行通信完成计算任务，这将导致通信量上升，或者重新设计计算协议。相对来说，代理计算架构将算力完全独立出来，当增加新的参与方（应用中一般是数据方）时，该参与方只需与已有的少量计算节点通信即可，因为计算节点的数量是相对固定的，这极大地降低了通信量。因此，这种可扩展性也相对增强了代理计算架构模式的计算性能。

2. 可监管性对比

在数据要素列为顶层设计的大背景下，金融科技迎来了用好数据要素推动金融高质量发展的新机遇，如将数据要素从传统互联网行业引入金融行业，在构建金融业数据生态基础上，促进数据价值更好地流动。但可以预见，数据要素化在为金融发展注入新动能的同时，也给传统金融监管体系和监管手段带来新的挑战。数据要素作为一种和信息技术紧密相连的新兴要素，其与劳动、资本等传统要素不同，监管方面更多依赖技术手段。

这种新挑战的集中表现就是数据要素流通的负外部性。负外部性是指在无管制的状态下，行为在为己方带来利益的同时，对他人或社会带来负面影响，但却不必完全承担这种负面影响的后果。对数据要素流通的负外部性进行治理，主要有法律手段和技术手段，如《个人信息保护法》能够有效防止数据被非法买卖。从技术角度看，隐私计算产品的两种架构模式对这种负外部性有不同的影响。

从监管角度看，直连模式下参与方之间的数据互通像一个完全封闭的管

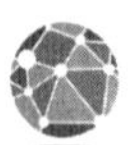

道，流通的数据类型、数据敏感度等难以被外部察觉，监管难以有效实施。相对来说，代理计算架构将算力独立出来，监管方可借助这种独立的“虚拟的中心计算节点”，配套相关的技术手段有效发挥监管能力。

可以看出，直连架构的隐私计算产品可能在可监管性方面带来一定挑战。其原因在于，直连模式并没有一个独立的计算方（及集群）执行计算，数据在各数据方之间形成直接连接的闭环，无法为外界提供集中审计和监管。

在代理计算架构下，各数据方不直接参与计算，而是由一组实现“技术去中心化、管理中心化”的计算节点代理执行计算协议。“技术去中心化”指这种架构模式能够打破单点信任，具有分布式高安全性，减少数据集中带来的信息安全和经济风险。同时，“管理中心化”保证计算任务由计算平台统一进行调配管理，最优化运行和管理效率，安全上实现可记录、可验证、可追溯、可审计、可解释。

三、相关金融标准解读

当前，我国金融领域在隐私计算相关标准研制方面已取得初步成果。例如，为保障金融业各参与方的数据隐私安全，保障计算和分析的准确性，引导、规范、促进多方计算技术在金融行业全面的、安全的应用，《多方安全计算金融应用技术规范》（以下简称《技术规范》）于 2019 年 5 月在中国人民银行完成立项，标准编制小组涵盖银行、科研院所、检测机构、协会组织、科技公司等近 20 家单位，历经多次征求意见和小组成员讨论完成定稿，于 2020 年 11 月 24 日发布。

为加快推进多方计算金融应用落地，中国支付清算协会于 2021 年 6 月 29 日发布《多方安全计算金融应用评估规范》（以下简称《评估规范》），针对《技术规范》中每项技术要求规范其检测评估方法，为产品检测认证提供依据。

相关技术标准和评估规范的出台，为多方计算技术厂商在金融应用场景下研制多方计算产品提供了技术指导和约束，为多方计算产品检测和认证提供了依据。更重要的是，为金融机构遴选和使用多方计算产品、运营多方计算系统提供了参考。这必将促进多方计算产品在金融领域合规、快速落地。为推动各方对标准的理解，下面对这两项重要标准进行重点解读。

（一）标准内容概述

1.《技术规范》

《技术规范》可从参与方角色和“功能＋安全＋性能”两个视角进行分析解读。

参与方视角规范了多方计算所有可能的参与角色。当然，在实际金融应用中，存在一个金融机构同时承担多个角色的情形。计算因子是《技术规范》中的一个重要概念，体现了密文计算的本质：计算因子来源于原始数据，体现原始数据的计算价值，但其本身又不承载任何原始数据的信息，因此在多方计算过程中不会泄露原始数据。

从功能要求看，《技术规范》中主要的功能模块分别对应了各参与方的能力要求（其中任务发起方的要求在《技术规范》中的“概述”中有所体现），如表 2–3 所示。

表2–3　多方计算参与方角色与功能

参与方	功能约束项	具体要求
任务发起方	发起任务	指定、核验任务资源（如数据、算法）到位等
算法提供方	算法输入	支持的算法类型，以及算法输入方式（如高级语言输入）等
数据提供方	数据输入	支持的数据源类型，以及数据输入方式；数据使用授权等
计算方	协同计算	基于计算因子进行计算；支持多种数据类型和算符等

续表

参与方	功能约束项	具体要求
结果使用方	数据输出	解析计算因子等
调度方	调度管理	感知、管理数据资源，计算资源，对多任务进行调度等

从安全性要求看，《技术规范》中的安全要求涵盖了协议安全、隐私数据安全、认证与授权、密码应用、通信安全以及信息存证。安全性要求是本规范的核心所在，如其中的协议安全规定了多方计算协议必须满足的基本要求，也就是数据隐私安全和计算结果正确性；通信安全规定了参与方之间通信必须使用安全信道，所用技术符合密码行业标准相关要求。

从性能要求看，《技术规范》对四类应用场景考查基础运算的三类性能指标。其中四类应用场景是（资金 / 非资金）×（实时 / 非实时），两两匹配；三类性能指标是计算时延、吞吐量 TPS、计算精度；考查的基础运算是整数 / 浮点数的万次乘法运算和万次比较运算。如在资金实时类场景中，整数万次乘法的计算时延应不超过 100 毫秒。值得指出的是，《技术规范》并没有明确规定性能指标要求所依赖的运行环境。

《技术规范》有 3 个附录。首先给出了 3 种应用类型：联合查询、联合建模和联合预测，首先规范了 3 类应用中的基本要求和参与方工作流程。其次给出了金融领域两个典型应用场景：生物特征识别和联合风控，为多方计算金融应用提供示范性示例。最后是一个参考性的通用系统架构。

2. 《评估规范》

《评估规范》针对《技术规范》中的每一条技术要求，明确了适用范围、测试方法和通过标准，用于指导检测机构和认证机构更好地开展多方计算金融应用检测认证工作。另外，《评估规范》对《技术规范》进行了以下细化说明和补充。

一是增加了算法逻辑的安全审查机制。

二是明确了安全模型（半诚实模型或恶意模型）的选择是对金融业务系统的要求。

三是明确了性能测试的硬件环境，主要包括 CPU、内存及带宽要求。

《评估规范》相对《技术规范》，是推动标准落地的更进一步细化，使金融行业在执行《技术规范》等金融标准时有了操作指引。

（二）标准解读

《技术规范》和《评估规范》定义了一种通用意义上的多方计算金融应用框架。在《技术规范》中，有两方面的内容充分体现了通用性。一是参与方。6 个参与方的行为动作完全拆解了多方计算任务，涵盖了广泛的应用场景，也包括若干参与方重叠的情况。二是支持的数据类型和算法类型。《技术规范》中的数据类型包括底层基本数据类型（整数、浮点数）、复杂数据类型（向量、矩阵、字符串等）、多种数据源类型（文件、数据库）；算法类型包括基础运算类型（加法、乘法、比较）、复杂算子（SQL 查询语句、机器学习算子等），以及各类应用算法类型和用户自定义编程等。

《技术规范》和《评估规范》充分考虑了多方计算从密码学理论研究到金融应用落地之间的差异性。多方计算作为一种密码学技术，很多理论研究围绕基础运算（如乘法），讲究理论创新以及研究内容的正确性和完备性。当面向技术标准化时，需要从实际情况出发进行适当的拓展或裁剪。例如，《技术规范》考虑了实际中面临的复杂算法逻辑，而不只是基础运算。再如，从密码学研究看，多方计算通信信道有多种，如公开信道、授权信道、广播信道等，但从实际落地看，最普遍的应用方式是参与方之间点对点建立安全信道（提供机密性和完整性保护）进行通信，因此《技术规范》采用了这种方式。

《技术规范》和《评估规范》兼顾不同应用场景下的能力要求。《技术规范》

定义了一种通用型的多方计算应用框架，同时也兼容一些专用场景。如隐私查询类应用，需满足查询类的算法要求，可以选择不提供高级语言编程接口。在这方面，《评估规范》采用了条件性声明的方式，通过多方计算产品方声明自己的能力确定其适应的要求项。

《技术规范》和《评估规范》确定了金融业务系统合规使用多方计算的技术要求。但这些要求并不是金融机构保证其自身数据安全的充分条件。以对数据提供方要求为例，《技术规范》中明确了数据提供方为多方计算任务提供的数据类型和输入方式，但没有规定数据提供方作为金融业务系统的一部分应该具备的数据管理能力。如果数据提供方本身的数据管理系统存在安全漏洞，又或者该数据提供方与其他参与方串谋构造特殊输入以套取他人数据（违反了多方计算安全假设），那么单靠多方计算技术本身并不能保证数据隐私安全。

第三章　互联网供应链金融管理

第一节　互联网供应链金融的形态

在经济全球化、服务全球趋势不断加快的背景下，消费者不断变化的需求对企业供应链金融形态的要求越来越高，互联网供应链金融呈现出多样性融合服务。本章分为互联网供应链金融概述、供应链多样性融合服务、客户归属与供应链服务底层化、现金流量周期是价值回路的绩效表现、供应链产业的多生态化五个部分。主要包括：互联网供应链金融的理论基础，传统与新型企业供应链的模式，互联网下供应链金融多样性的融合，供应链服务底层化分析，现金流周期对企业发展绩效的体现，互联网带动生态化供应链的发展融合等内容。

一、互联网供应链金融的含义

互联网供应链金融，是在互联网技术的影响与融合下，将原有的供应链金融运作模式从线下通过优化和突破，逐步达到线上运行。由于我国互联网信息技术、大数据、云计算、人工智能等技术也在飞速发展，这使数据在我们日后生产生活中的价值越来越突出。核心企业、物流公司、第三方支付、软件服务商都拥有着大量的统计数据，能够同供应链金融进行对接。供应链金融以信用为出发点，基于真实的交易展开信用评级，使核心企业、物流公司、

供应商、生产商都可以利用发达的信息系统实现合作，从而加速数据的整合。各数据之间的相互衔接，使数据难以造假，因而能真实地反映企业的经营情况。而互联网模式下的供应链金融正是对原有的供应链金融内各主体（核心企业、上游企业、下游企业、物流、商流、信息流、金融机构等）的信息进行归纳与整理，从而提高各主体之间粘连性，提高各主体之间信息互通的实效性，是提高供应链金融业务办理效率的一种具有创新性供应链金融的前沿领域。在这种互联网模式背景下，参与主体除了核心企业、金融机构、物流仓储企业，还增添了供应链金融服务平台。

二、互联网大数据分析能力与供应链多样性融合服务的关系

（一）资源基础理论

资源基础观认为企业所拥有的价值的、稀缺的、难以模仿的和不可替代的资源可以为企业带来竞争优势，实现绩效的提升。也就是说企业绩效可以被看作资源组合的函数，如果企业的资源是异质性的、独特的、难以模仿或复制的，企业就可以为顾客提供差异化的产品或服务，给顾客带来比竞争对手更大的价值，实现竞争优势。其中企业资源的价值性、稀缺性、难以模仿性和不可替代性（VRIN）的程度决定了企业利用这些资源实现绩效增长的可能性。而可以为企业带来竞争优势的资源主要有实体资源、组织资源和人力资源三类。其中实体资源包括原材料、设备和技术等；人力资源包括企业员工的知识、经验和关系等；而组织资源则包括组织架构、计划、控制和协调系统，以及组织内外部关系等。

早期资源基础理论的研究主要围绕企业资源产生竞争优势的来源进行展开，研究总结企业拥有的资源必须满足异质性、不完全流动性、事前限制竞争、事后限制竞争等四个条件才能产生竞争优势。后来的研究指向性强调能力在

获取竞争优势中的核心作用，即企业对关键性资源的管理能力是获取企业竞争力的重要因素。通过对资源基础观在运营管理领域的应用进行总结，一些学者认为企业资源的差异化在实现企业竞争优势方面有着重要作用，企业应首先识别出其所拥有的独特、差异化，然后充分利用这些资源，挖掘它们的价值。

随着信息技术的发展，学者们开始从互联网资源的分类以及给企业带来竞争优势的来源角度展开研究，认为互联网资源包括互联网基础设施、互联网人力资源和互联网无形资源。互联网资源和其他战略和组织资源等互补资源共同作用才能给企业带来竞争优势，也就是互联网与供应链的融合服务。在互联网发展壮大的今天，数据已经成为企业最重要的资产，是不可模仿、不可替代的重要资源，丰富的数据资源是企业大数据应用实践的基础，能够为企业带来具有竞争优势的资源。同时，企业对有形资源、人力资源和无形资源的整合和管理可以发挥大数据的商业价值，给企业带来竞争优势。大数据被普遍认为具有资源异质性属性，是企业获得竞争优势的重要战略性资源，并通过对大数据战略性资源属性的分析，得出大数据是一种具有异质性战略资源，通过整合企业组织能力与异质性战略性资源，提供全面复合型供应链的服务支持，将多态化供应链相融合，为企业增大可持续性的竞争优势区间。

（二）互联网大数据分析能力的研究

信息技术的高速发展，移动互联、电子商务、社交平台的普及应用，使行业内海量数据不断涌现，传统的数据分析、处理技术已难以处理这些海量的、多类型的和高度复杂的数据。因此，与大数据相关的大数据技术、大数据工程和大数据应用迅速成为信息科学领域的热点话题。大数据是一种信息资产，具有体量大、数据增长速度快、数据类型多样、价值稀缺性、真实性的特性，需要特定的技术和分析方法将其转化为价值，作为一种新兴信息技

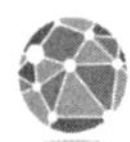

术架构，其本质仍是一种信息技术。因此，大数据技术可以看作是传统 IT 的升级，企业大数据应用实践获取商业价值的过程离不开已有的 IT 基础。大数据作为新兴技术革命的产物，最重要的一点是，更强调其强大的数据分析能力以及对新型数据分析工具的应用能力，如通过数据提取—转换—加载工具、在线分析处理、可视化工具等进行数据挖掘、统计分析和预测分析的能力等，提升企业的竞争力。其次，在当前大数据时代背景下，海量的、高度复杂的、多类型的数据是大数据分析面临的主要对象，即是当前的数字环境促使企业改革其现有的技术能力、管理能力和人力资源能力等以适应环境的变化，最后，在大数据环境下，系统分析处理的不仅是企业内部产生的数据，更多的是企业外部，包括第三方平台所获得的关于行业环境、消费者行为和心理、政府政策等非结构化、实时的数据，更加关注外部环境对企业的影响，旨在通过解读外部数字环境变化做出及时响应，使企业供应链趋于多样化的融合，直接实时地呈现企业发展良莠趋势。因此，在大数据时代，利用互联网数据能更加动态、更系统、更开放地感知市场环境的变化，在优化企业管理决策、提升企业经济效益方面发挥着重要的作用。

大数据的概念衍生：BDC 是近几年才提出的一个新兴概念，学术界还没有给出一致性的定义。大部分国外学者以 IT 能力为基础，用“big data analytics capability”即“大数据分析能力”描述企业大数据应用对企业的影响。一些学者基于大数据特点和企业大数据活动实践总结对 BDC 的概念进行界定，总结两种路径界定 BDC，从资源基础观、动态能力理论解释 BDC。其中，基于资源基础观的视角，一些学者强调了大数据基础设施的重要性。基于动态能力观的视角，学者更强调企业对大数据资源的组织和部署能力。

大数据能力的构成维度：关于 BDC 维度的研究，大部分国外学者进行了维度探索，构建了一个大数据分析能力模型，包括 IT 基础设施能力、大数据管理能力和大数据技术人才三个维度，其中 IT 基础设施主要指管理多个数据源的能力，大数据管理能力主要指根据数据分析结果进行精准预测以提升业务绩效的能力。大数据分析能力包括 IT 基础设施能力、对大数据技术人员的管理能力以及根据数据分析结果进行决策的能力。根据上述基础研究，BDC 被划分为基础设施能力、员工专业能力以及相关设施能力三个维度。还有学者认为 BDC 培育应当从大数据基础设施建设、大数据战略设计、内外部数据整合以及精细化运营和分析等角度出发，提出了 BDC 六大维度：大数据平台构建、数据管理与资源整合、产品与运营分析、企业精细化运营、数据产品规划和企业分析决策能力。

通过文献梳理可以发现，国外学者们基于 IT 能力对 BDC 维度的探索主要涉及大数据基础设施、大数据管理和大数据人力资源三个方面；国内学者关于 BDC 的研究大部分从资源整合的角度进行展开，维度划分差异较大，但仍离不开技术和能力两个方面。

（三）BDC 能力和供应链多样性融合服务

要做好互联网供应链金融，就要从客户价值系统入手，提供融合性服务，做出努力和变革。由于市场环境不断变化，在企业间竞争愈演愈烈的背景下，融合性的概念在供应链管理领域受到越来越多的关注，大部分学者倾向于集成型供应链，其也称作整合型供应链。

三、互联网与平台型商业模式

（一）连接与平台

与线下商业中介相比，互联网上以平台为中介的交易过程使用电脑和手机等终端设备，并通过这些设备与网络平台相连接，网络平台存储了所有交易的信息，即所有数据。显然，将这些网络平台与买卖双方以及投资人和借

款人的电脑和手机等终端设备相互联结的基础是计算机与互联网技术，其本质是上节说的“连接”。“连接一切”是成为互联网时代的一个发展趋势，它试图通过信息技术的广泛扩散，将世界万物连在一起。一般来说，各种互联网公司都希望成为“连接器”式的平台，掌控连接一切的技术标准、信息和数据，不仅连接计算机、用户，也连接人和各种服务，甚至物与物。设计互联网的原始目的之一就是将不同的计算机及其使用者连在一起，形成一个没有中心的网络，不过，后来形成的以平台为代表的互联网形态却有所不同，成为一个更加倾向于中心的网络，并由此建立能够获得利润的商业与金融体系。在这类体系的形成过程中，“连接一切”成为颠扑不破的真理和维系体系运转的基础。

就目前来看，以计算机和互联网技术为基础形成的经济与金融的各种营利性活动，基本的做法是建立一个网络平台，并通过网络平台联结相关经济主体，如商务活动中商品买卖双方、金融活动的投资人和借款人等。因而，需要说明问题有：什么是网络平台？网络平台与线下的商业中介和金融中介等的区别是什么？为什么在目前阶段基于计算机和互联网技术的生意往往是网络平台形式？下面对这些问题作简要说明。

作为一种经济现象，互联网平台或网络平台属于平台经济的范畴。平台经济是基于现代计算机科学和电子信息技术发展而逐步发展起来的，使用虚拟或真实的交易空间或场所，促成双方或多方供求之间进行交易，是具有相关技术流程和规则规范的一种经济经营模式。其中，平台本身可以不生产产品，但要促成双方或多方供求之间的交易，并通过收取恰当的费用或赚取差价而获得收益。

在经济体系中，网络性运营企业往往作为一个中介平台，将消费者和供应商联结在一起，形成平台型商业模式。一般来说，平台型商业模式是指以信息交流和交易中介为核心业务，通过向多方参与者提供产品和服务，以获得收入和利润的一种商业模式。相关案例在生活中非常常见，如报纸、信用卡、游戏平台等，它们都有一个共同的特征，那就是通过中介平台将两个有着供需关系的群体连接起来，如报社连接了读者和广告商，信用卡连接了消费者和商家，游戏平台使游戏开发商和玩家取得了联系。这些中介平台，很多在开始时是线下的具有中介性质的平台，其中有些属于基础设施，如电信、电力等，有些是联结生产者和消费者的平台，如大型商场、银行卡网络、金融中介、房地产中介、媒体等。在互联网兴起后，则出现网络平台，如互联网网络、软件中的操作系统、搜索引擎（信息搜寻者与信息提供者）、电子商务、互联网金融、就业网络、创业网络平台等。

值得注意的是，线上平台模式（或网络平台）与线下的基础设施中介、商业中介和金融中介等线下平台模式（有些文献称为经销商）相比，具有明显的区别。

一是在领导与控制方面，虽然网络平台和线下平台都是联结消费者和供应商等双方的经济主体，但在联结的过程中，线下平台往往发挥着领导与支配作用，在对处于平台双方的经济主体进行服务的同时，也对处于平台双方的经济主体进行管理、监督和指导等，因而线下平台往往是一个具备较强的领导与控制倾向的中心化的机构。与线下平台不同，网络平台基本上不发挥领导与支配作用，更多是通过各种计算机程序和算法等，为处于平台双方的经济主体提供服务，讲究注重娱乐场景的设置，进行匹配优化，提高资源配置效率。当然，在目前网络平台的发展过程中，也会出现一些发挥领导与支配作用的、具有中心化倾向的网络平台，但在平台的相互竞争中，同时也由于互联网的特性，即使是中心化的网络平台，也与线下平台也有所不同。

二是在定价方面也具有差异。一般来说，在经营模式中，具有重要意义

的是定价权。就定价来看，在经销商模式中，经销商往往具有定价权，经销商对买家和卖家分别进行定价，以取得自己收益的最大化。但在平台运营商模式中，平台往往不决定定价问题，由卖家进行定价。

（二）平台经济理论：双边市场的基本模型

对于这种平台模式，以法国图卢兹大学的一些学者的研究为起始，形成了新的产业组织理论：平台经济理论。和传统微观经济学中厂商与消费者无摩擦地形成供求关系和市场均衡不同，平台经济理论认为，厂商和消费者必须接入一个平台，才能解决时空搜索和邂逅，但平台两端为平台支付的费用不均衡，通常厂商全部负担平台成本，而消费者免费甚至可享受补贴使用。当然也有平台对两端都收费。

值得注意的是，在这种平台经济理论出现以前，在经济学理论研究中，就存在关于市场中介的理论，有的文献也称为经销商理论，如对百货商店、银行等的研究。一般来说，在经济学基础理论中，基本不研究百货商店、银行等实物与金融中介或中介机构，往往认为消费者直接从生产者购买商品，或借贷者直接从投资者那里获得资金。如作为经济学最基础课程的微观经济学，其所建立的消费者理论、生产者理论，以及一般均衡理论等，都不涉及各种实物与金融中介。显然，这种理论与现实经济的实际状态有差异，因而有一些学者对这些问题进行研究，其中较有代表性的理论是斯普尔伯提出的中间层理论，以及经销商理论等。

不过，传统经济中的各种实物与金融中介或中介机构与互联网兴起后形成的平台有许多不同。有些文献也把互联网平台（以下简称平台）称为中介或中介机构，但是，它们之中的差异是值得注意的。一些文献对这两种理论——中间层理论和平台经济理论进行了比较分析。

对于平台来说，无论是哪种平台，如果平台在两边均面临相关群体，则为双边市场，如果平台在多边面临一些群体，则为多边市场。诺切特、泰勒（2003）和阿姆斯特朗（2006）较早提出有关双边市场的基本理论模型，诺切特和泰勒认为，如果在一个平台上实现的交易总量仅仅依赖于对买卖双方收取的价格水平的总和，就表示这一平台对总价格在买卖双方间重新分配不敏感，这种市场就是单边市场；相反，如果价格总量不变，交易总量却随着对买卖双方其中一方收取的价格变动而不同，这一市场就可以被称为双边市场。阿姆斯特朗进一步认为，在双边市场中经由平台相互交易的双方，其中一方加入平台的获利取决于加入平台的另一方的规模，由此对网络外部性进行研究。其后关于双边市场的研究基本上是基于这两篇论文。多边市场模型可参看哈吉犹和赖特（2015）等的研究。同时，还有对平台相互竞争的研究。目前经济学已经积累了关于这一问题的大量研究文献。学者们不断发展并丰富了这一理论，还有学者进一步提出基于双边市场的管理理论。

关于双边市场的判定标准问题，国内外很多学者都做了相关的研究。一般来说，满足下列条件可以称为双边市场。

一是连接异质性的两个群体。

二是可以给对方提供交叉的网络外部性。

三是通过平台的建立可以提升交易的效率。

双边市场和普通市场（普通市场往往是单边商场）不同。从供给的角度，双边市场的中介是平台，平台厂商具有以下三个特征：一是平台厂商需要围绕促进双边用户发生相互作用行事，平台的功能就是解决交叉网络外部性。二是平台需要关注两个或多个不同的市场，某种意义上，平台通过满足一方的需求聚集用户的目的，正是为了满足另外一方的需求。三是平台厂商提供的服务具有“信息产品”的特征，所以同样具有高固定成本低边际成本的特征，所以平台厂商具有需求方规模经济特征。

在经济经营模式中，定价往往具有十分重要的地位。在这方面，双边市场与普通市场的定价方式较为不同，可以简单地运用垄断型双边市场理论模型进行说明。

双边市场经营者考虑的核心问题是如何给平台双方提供服务定价。由于存在跨边网络效应，平台拥有者需要同时考虑平台两边需求曲线的弹性。假设存在一个垄断的双边平台，平台服务的群体为 A 和 B。平台两边用户数量为 n_A，n_B，平台 i 方用户的效用为。

$$u_i = k_i n_j - p_i\text{，}\quad i, j = A, B, i \neq j \qquad \text{（式 3–1）}$$

其中，p_i 为平台向 i 方用户收取的服务费，参数 k 测量 i 方用户和 j 方用户互动获得的收益。效用式说明一方用户的效用是另一方用户数量的函数，即存在正网络效应。

设 D 为单调增函数，i 方用户的需求曲线如下。

$$n_i = D(u_i) \qquad \text{（式 3–2）}$$

假设平台服务 i 方一个用户的成本为 c，则平台利润如下。

$$\pi = n_A(p_A - c_A) + n_B(p_B - c_B) \qquad \text{（式 3–3）}$$

将相关表达式代入其中，有以下公式。

$$\pi(u_A, u_B) = D_A(u_A)(k_A n_A - u_A - c_A) + D_B(u_B)(k_B n_B - u_B - c_B) \qquad \text{（式 3–4）}$$

设 $v_i(u_i)$ 表示 i 方用户的总消费者剩余，则 $v_i'(u_i) = D_i(u_i)$。用 w 标识社会总福利，即平台利润和消费者剩余之和，则以下公式。

$$w = \pi(u_A, u_B) + v_A(u_A) + v_B(u_B) \quad （式 3–5）$$

求最大化社会总福利，即使$\partial w / \partial u_i = 0$，可得以下公式。

$$u_i = (k_i + k_j)n_j - c_i \quad （式 3–6）$$

由此可得最大化社会福利的价格为以下公式。

$$p_i = c_i - (k_j)n_j \quad （式 3–7）$$

可见，i 方的社会最大化的价格是服务一个 i 方用户的成本减去一个 i 方成员给 j 方带来的总额外收益。因为 $k_i > 0$，因此社会最大化要求每一方价格低于服务成本。这与单边市场不同，在单边市场上，社会福利最大化要求价格等于边际成本。

下面求解平台利润最大化的最优价格，根据式 3–4，可得以下公式。

$$u_i = (k_i + k_j)n_j - c_i - \frac{D_i(u_i)}{D_i^{'}(u_i)} \quad （式 3–8）$$

其利润最大化的价格为以下公式。

$$p_i = c_i - (k_j)n_j + \frac{D_i(u_i)}{D_i^{'}(u_i)} \quad （式 3–9）$$

与社会福利最大化的价格相比，利润最大化价格高出一个参与弹性相关的项 $\frac{D_i(u_i)}{D_i^{'}(u_i)}$。

给定 j 方的参与数量 n_j，定义 i 方的弹性为以下公式。

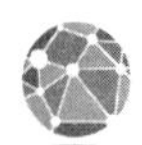

$$\eta_i(p_i / n_j) = \frac{p_i D'_i(k_i n_j - p_i)}{D_i(k_i n_j - p_i)} \quad （式 3-10）$$

利润最大化价格满足以下公式。

$$\frac{p_i - (c_i - k_i n_j)}{p_i} = \frac{1}{\eta_i(p_i / n_j)} \quad （式 3-11）$$

以上是对双边市场理论的简要介绍。如果在前一章关于实物商品交易形式和金融商品交易形式中融入这种理论，或者进一步以马克思的资本流通和资本循环理论为基础，思考这一理论的相关观点和方法，对于我们理解互联网经济与金融问题具有一定的意义。就一般意义上来看，这种平台理论模型可以看成上一章我们阐述的以马克思的资本流通和资本循环理论为基础建立的实物和金融商品交易模式的一种具体模型。

在经济科学中，除了双边市场等平台经济理论，还有一些既存的经济学理论对于研究平台型商业模式也具有一定的作用，如博弈理论、机制设计理论、拍卖理论和匹配理论等。在电子商务、互联网金融以及共享经济模式出现以前，这种经济学理论就已经形成，并获得发展。到了互联网时代，这些理论又有了新的意义，成为备受重视的经济学理论。

（三）形成平台型商业模式和双边、多边市场的原因

为什么在目前阶段基于计算机和互联网技术的商业模式往往采用网络平台形式？其中的原因可能是以下两个方面。

一是在技术方面。就目前来看，运用网络平台形式进行商务与金融活动更容易利用计算机和互联网技术。计算机诞生初期，仅能实现一对一的使用，是集中化方式。为了使一台大型机能够同时为多个客户提供服务，IBM 公司引入了虚拟化的设计思想，使多个客户在同时使用同一台大型机时，就好像

将其分割成了多个小型化的虚拟主机，是十分复杂的集中式计算。进入小型机和电脑端时代，回归了一对一的使用，不过设备已经分散到了千家万户。进入互联网时代，C/S 模型的客户端和服务器是分布式计算，只不过服务器之间还是分散的。进入云计算时代，计算能力又被统一管控起来，在客户端和服务器的分布式计算基础之上，服务器之间也开始了分布式协同工作。因为协同，所以也可以认为它们在整体上是一种集中式的计算服务。进入大数据时代，云计算成为大数据基础设施，这也使大数据的核心思想和云计算一脉相承。虽然计算机技术方面也有 P2P 技术，但以这种技术为基础形成的商业模式较少见。

二是在经济方面。线下的经济经营方式，特别是线下的中介型的经济经营方式，转化成网络平台形式更为容易，也更符合许多生意人以前的经营经验。同时，在转向网络平台进行商务与金融活动后，这种平台方式也更容易获得利润。经济与金融平台通过对相关产业和市场的资源进行整合，从而为平台企业获得更多的利润提供空间，并推动经济与经营模式的进一步变化，直到整个经济的微观基础发生改变。通过平台经济和平台金融的发展，可以产生新型经济理念、经营方式、业态创新和更多的收益与更大的利润。如在电子商务发展过程中，第三方支付的出现不仅解决电子商务发展的瓶颈，而且通过与电子商务的共同发展，形成新型的利润增长点，这为经营者获得更多的利益创造了条件。

第二节 互联网供应链金融的新模式

互联网供应链金融的新模式，不仅仅在于金融模式上的创新，更在于发展和完善金融市场环境，更好地推进供应链金融和产业的可持续发展。

一、互联网供应链金融与传统供应链金融对比

互联网供应链金融与传统供应链金融具有明显的区别，如表 3-1 所示。

表3-1 互联网供应链金融与传统供应链金融对比

比较项目	互联网供应链金融	传统供应链金融
参与主体	电商平台、P2P平台、银行、物流企业、融资企业、担保公司	银行、核心企业、物流企业、融资企业
授信条件	以数据为主，也有资产抵押	需要抵押或者担保
融资效率	线上人工智能自动服务	有线下，也有线上
融资额度	单次融资额度小	单次融资额度较大
融资费用	总体成本低	沉没成本较多
融资频率	高	低
营销模式	线上营销为主	以核心企业为中心营销
风险预警	可以实时监控预警	难度大
风控难度	较大	较低

在以往的供应链金融形态中，银行往往在选择投资标的时更倾向于资本规模大，拥有较强还款能力且信用评估良好的大型企业，中小企业资信状况较差，风控能力不足，资产规模小，没有健全的财务监督管理制度，缺乏足够的可质押资产，为了尽可能地减少银行呆账坏账，中小企业很难从银行获

得贷款。即使有国家政策扶持，相对较高的信用风险识别成本也会造成银企信用隔阂。

互联网供应链金融出现，中小企业成为机构开展融资服务最大最直接的受益者，供应链金融通过第三方支付进行信息归集分析将单项不可控风险转化为可控供应链整体风险。处于中间位置的互联网平台连接各环节、累计交易流水数据。金融机构通过对数据的管理分析对中小企业进行贷款融资。统一风控标准的逐渐形成，由人工处理审核简化为信息化集中业务处理和审批流程，这使银企联盟可以在很大程度上消除隔阂，解决信息不对称问题，降低信息处理成本，推动中小企业发展。

供应链金融互联网化后，围绕核心焦点企业的上下游供应商、经销商对核心企业的业务模式没有改变，每个企业依旧要经历产购销三个阶段进行运营，互联网带来的是对企业综合信息收集处理及数据分享方面的便捷，比传统风控更有资金安全保障，通过大数据电子商务平台进行快速质押融资或无担保融资，并依据融资企业资信情况确定还款期限和放款额度。

二、互联网供应链金融模式的分类

（二）互联网供应链金融模式

1. B2B 电商供应链金融

（1）平台式 B2B 双边市场供应链金融

中小企业对我国经济的健康发展有着不可忽视的作用，平台式 B2B 双边市场恰好符合当前我国的经济发展形势。平台式 B2B 双边市场的成功运作主要取决于其在平台上的频繁交易，只有大量的企业在平台上实现交易，才能保证平台的高流动性，使平台实现高效运作。所以，平台式 B2B 双边市场的重点是扩大平台上中小企业的规模。平台式 B2B 双边市场可以为上下游企业

提供一个快速联系的平台，实现更好的供需匹配，从而实现快速的销售过程，在这个平台上的上下游企业都可以获得相同的服务，企业都需要按照一定的标准规范相应的行为，使平台上的上下游企业间的信息交流更加合理高效。同时 B2B 双边市场具有较好的网络外部性，使用该平台的企业越多，企业从该平台取得的有用价值越高，那么就会有越来越多的企业进入该平台，平台对企业的吸引力就会增强，平台就能更好地实现高效率运作。

（2）B2B 电商供应链金融模式的操作流程

大部分 B2B 电商平台均会选择与商业银行合作，以自身的信用水平作为条件，帮助中小企业向银行申请融资贷款。首先由买方购买产生订单，其次融资企业在线向电商企业申请贷款，电商企业审核通过后，以自身信用作为担保申请贷款，金融机构收到电商企业的申请后进行查看，查看无误后，通过申请并发放贷款，再次融资企业凭借贷款进行生产，并发货给买方企业，最后买方企业支付货款，融资企业在线还款。

（3）B2B 电商平台供应链金融的优缺点

① B2B 电商平台供应链金融的优点如下。

第一，采购成本低。企业通过与供应商建立企业间电子商务，实现了网上自动采购，减少了双方为进行交易投入的人力、物力和财力。另外，采购方企业可以通过整合企业内部的采购体系，统一向供应商采购，实现批量采购，从而获取折扣。如 Wal-Mart 将美国的 3 000 多家超市通过网络连接在一起，统一进行采购配送，通过批量采购节省了大量的采购费用。

第二，库存成本低。企业通过与上游的供应商和下游的顾客建立企业间电子商务系统，实现了以销定产、以产定供以及物流的高效运转和统一，最大限度地控制了库存。如 Dell 公司通过允许顾客网上订货，实现了企业业务流程的高效运转，大大降低了库存成本。

第三，周转时间短。企业还可以通过与供应商和顾客建立统一的电子商务系统，实现企业的供应商与企业的顾客直接沟通和交易，减少周转环节。如波音公司的零配件是从供应商采购的，而这些零配件很大一部分是在它的顾客航空公司维修飞机时使用。为了减少中间的周转环节，波音公司建立了电子商务网站，实现了波音公司的供应商与顾客之间的直接沟通，大大减少了零配件的周转时间。

第四，市场机会大。企业通过与潜在客户建立网上商务关系，覆盖了原来难以通过传统渠道覆盖的市场，增加了企业的市场机会。如 Dell 公司开通网上直销后，有 20% 的新客户来自中小企业，通过与这些企业建立企业间电子商务，大大降低了双方的交易费用，增加了中小企业客户网上采购的利益动力。

② B2B 电商平台供应链金融的缺点如下。

第一，盈利模式和销售方式单一。盈利可通过广告和会员两种方式，而销售仅使用电话销售。

第二，操作过于简单，未满足需求。B2B 电商平台不注重企业的真实需求，未站在企业的角度考虑，一味考虑赚钱。而且 B2B 平台涉及行业、类目众多，但是平台自身对此并没有专业人才。

第三，信用和售后问题不能保证。内容丰富，但安全及诚信问题仍无法保证，售后问题不能有效保证和处理。

（4）平台式 B2B 双边市场供应链金融面临的问题

当前，我国的平台式 B2B 双边市场供应链金融虽然实现了大规模的发展，但是仍然存在着一些问题，如交易的安全性问题、交易平台在设计过程中存在缺陷的问题以及从传统的实体交易转变成线上的虚拟交易的不适应性问题等。其中，最为主要的问题是交易的风险性问题和物流的风险性问题。

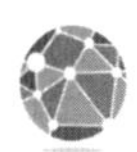

B2B双边市场上的交易是无法直接接触到交易实物的，另外，我国的商业信用体系不完善。因此，在交易过程中可能存在一系列的欺骗行为等问题，一些上下游的企业可能会担心所购买的货物是否真实可靠、是否能按时收货、对方能否按时付款以及在线支付是否存在安全性等一些问题。除此之外，平台上的交易信息的安全性问题也是影响其发展的主要因素，一些潜在的参与者因担心交易过程中的信息会被泄露而一直处于观望的状态。

物流企业对于平台式B2B电商双边市场来说有着至关重要的作用，缺少了第三方物流，B2B双边市场的价值会大打折扣。平台式B2B双边市场是将物流外包给独立的第三方物流企业。我国第三方物流的发展仍存在不足，缺乏有效的物流配送系统，整个物流系统存在大量的小型物流企业，这些物流企业不能完全满足B2B双边市场的交易需求，它们的运营能力有限，站点分布不广，会使物流的成本有所增加，而且物流的配送速度也会受到一定的限制。

2. 核心企业主导模式

核心企业作为供应链中的主导企业，其发展影响整个供应链。核心企业为了促进与之相关的上下游及行业的发展，利用其多年积累的客户资源和上下游企业经营信息，通过设立保理公司、融资租赁公司、小额贷款公司等互联网供应链公司向上下游企业提供融资服务。核心企业深耕产业链，对上下游企业充分了解，为中小企业提供在线高效的融资服务。

3. 金融资本主导模式

金融资本主导模式以商业银行为主，商业银行设计融资方案并提供资金支持。商业银行与客户企业的地位较为平等，商业银行有权选择符合条件的客户企业，客户企业也有权选择融资利率更低的商业银行。因此需要银行不断地进行金融创新，在互联网供应链金融模式下，商业银行建立了互联网供应链金融平台，为企业提供在线融资服务，增加了利润来源的方式，提升了核心竞争力。

4. 供应链服务商主导模式

供应链服务商集合了商务、物流、结算、资金等要素，通过对信息全方位的掌控，专注于为各类企业、客户、增值服务商、商店和消费者提供有竞争力的供应链解决方案。在互联网背景下，传统的供应链服务商建立互联网供应链平台，为合作企业客户提供在线存货融资的资金代付服务，在一站式供应链管理服务的基础上开展金融业务，扩充了盈利来源。

第三节　供应链金融资金来源与风险管控

供应链金融具有巨大的市场潜力和利润可能，不仅要不断扩宽资金来源提高供应链金融的盈利水平，还要积极进行风险管理，不断提升风险管理能力，制定合理的风险防范措施，才能促进供应链金融的持续长久发展。

一、供应链金融的资金来源

（一）商业银行

目前，中国的供应链金融的主要资金来源渠道为商业银行资金。银行本身就是切入供应链金融领域最早且业务量最大的一个参与主体，其他包括产业链内核心企业、物流型核心企业、电商平台型核心企业等纷纷通过对接商业银行的资金切入供应链金融领域。业内案例有京东、航天信息、海尔等。

一是结合供应链金融中物流企业、上下游企业以及相关机构的数据库和技术手段，破除原来存在的产业数据壁垒，将信息不对称的负面影响降到最低，缓解信贷配给不科学的问题。

二是商业银行开始建设自己的电商平台，通过对自己的电商平台进行引流，跟踪企业在电商平台中的贸易交易数据和行为。但是商业银行在建设电商平台过程中，由于缺乏相关的专业人士和行业经验，也不具备专业电商平台的业务辐射能力和操作灵活性优势，因此还是会存在一些问题。

三是商业银行开始对上下游中小企业提供免费的云服务，中小企业在商业银行的云服务系统中进行企业管理，商业银行就可以从这些企业管理和运作过程中生成的数据，将各产业的数据整合，进化成信息化的供应链金融服务。

（二）融资租赁公司

融资租赁企业可以分别介入融通仓和保兑仓融资模式提供融资服务。直接租赁和售后回租作为供应链金融的重要对接模式，正在成为供应链金融的重要资金渠道入口。直接租赁对于产业链上的中小企业而言实质上是以分期付款的形式购进标的物，对于融资租赁公司而言其本质是一种定向贷款，而售后回租则类似于抵押贷款。因此，融资租赁可以有效地盘活企业资产，缓解企业流动资金压力。业内案例有顺丰速运、广联达、法尔胜等。

融资租赁这一资金渠道的劣势在于牌照的申请，目前，监管部门对其市场准入的要求比较高，内资租赁、金融租赁牌照门槛比较高，申请比较难。

（三）P2P 网贷平台

供应链金融参与主体通过对接 P2P 网贷平台或者自身成立 P2P 网贷平台获取资金是目前供应链金融领域发展的一大趋势。通过 P2P 网贷平台对接有融资需求的上下游中小企业和有投资理财需求的个人投资者，既解决了自身和外部产业链上的中小企业群体的融资需求，也赚取了利差。

通过成立或对接 P2P 网贷平台获取资金这一模式的优点在于 P2P 网贷平

台相较商业银行的审核及放贷的周期要快得多，可以根据企业差异化、个性化的融资需求进行融资产品和服务的定制化设计，而且不存在资金的杠杆天花板的限制。

这一模式的劣势在于对公司运营能力、技术能力和风控能力要求较高，前期需要投入大量的人力、财力等资源。

P2P网贷早已进入万亿时代，但随着网贷行业的迅猛发展，更多的问题开始暴露，例如同质化竞争严重、利润率下降、平台资产不合规、平台集中爆雷和跑路等，在P2P网贷这片红海市场中，桎梏其发展的最核心问题已经不仅仅是资金荒，如何获取优质资产，如何在贷前、贷中和贷后实施科学严谨的风控，成为平台是否有潜力和资质进行可持续发展的关键因素。

P2P网贷平台的供应链金融模式主要类型有两种，一是通过与大型核心企业合作，开展针对上游供应商的应收账款服务；二是通过与保理公司合作，由保理公司实现债权转让。

P2P网贷平台开展供应链金融的优势主要有以下三点。

第一，基于互联网的P2P网贷平台在信息处理整合、贷款审批和运作效率方面都高于传统金融机构，其对企业的融资要求和门槛也极大地低于传统金融机构，能够切实地起到普惠金融的作用。

第二，P2P网贷平台体量相比传统金融机构更小，能够更灵活和及时地针对市场需求提供服务，无论是针对贷款人还是投资人，比传统金融机构提供的服务和效率都具备更大的优势，且其资金来源和风险偏好更多元化，也可以实现更多的个性化需求服务。众所周知，商业银行虽然利率水平较低，但同时也对中小型企业的资质有更高的要求，商业银行的融资门槛也将大部分中小企业的融资需求拒之门外，因此，P2P网贷平台更宽泛的利率空间、更灵活的操作体系给不同风险偏好和资质的企业及个人带来传统金融机构难以提供和覆盖到的金融服务。

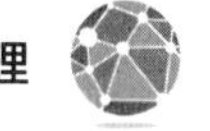

二、供应链金融风险控制和管理策略

目前互联网供应链金融风险管理机制已经相对比较完善，一般通过搭建企业内部风险控制机制、构建信息技术风险管理体系和大数据技术的风险管理模型等手段相结合，对互联网供应链金融实现风控管理。

在互联网技术下，电商平台与物联网通过信息共享和在线互联，将风控环节中的信息流动效率和精准度极大地提升，将传统供应链金融模式中存在的信息不对称引起的风险降到最低，先进的实时监控系统，能够对互联网供应链金融业务发生过程中的风险提前预警和防范，最大化地实现风险可控。

从如今整体互联网供应链金融市场来看，主要环节包括信用审核、设计交易流程和模式、信贷审批、贷中和贷后管理，目前的互联网供应链金融也是从这几个环节重点加强风险管理和风险控制的。

互联网供应链金融的风险管理，运用了传统供应链金融的风控手段，主要通过搭建内部风控机制，通过模型强化事前风控，其中重点对融资企业、核心企业和上下游企业实行信用风险控制；事中风控环节，重点在于防范市场风险和操作风险；事后风控主要在于对融资企业的经营情况监测等。并且在传统供应链金融风控的手段基础上，进一步通过现代化的互联网技术，将互联网供应链金融前后端结合，构建一个信息技术风控管理体系，并借助于大数据和区块链技术，实现金融业务操作流程的场景化和可视化，形成高效完善的互联网供应链金融风控管理体系。

（一）供应链金融的市场风险管理策略

1. 抵质押物的价格风险和商品权属风险管理策略

在这一管理策略当中，需要应对两种不同的情况，如果商品的购置价格与实际的评估价格差距比较大时，银行就需要按照当今时代的市场价值对商品进行合理的评估，在进行这一过程当中，需要对市场的价格进行一定的调查，切勿以过高或者过低的价格对商品的价值进行评估。如果商品的购置价格与实际的评估价格相差不大时，也就说明企业与银行之间，对于商品的实际价值没有过多的争议，此时，为了加快工作的进度，银行方面就可以按照抵质押物的账面价值对其进行评估，这样无论是工作的质量还是工作的效率，都能够具有非常大的提升，而这一点，无论是对于贷款的企业，还是对于银行，都具有非常大的裨益。

2. 供应链金融汇率风险的风险管理策略

对于供应链金融当中的银行来说，其遇到汇率风险的概率还是比较大的，并且一旦遇到这种情况，就不可避免地会产生一定的经济损失，为了应对这种情况，银行方面能够采取的措施还是比较多的，其中包括外汇远期以及货币互换等，这些方式或者工具，在一定的程度上能够限制汇率风险的产生，也能减小汇率风险所造成的损失。对于汇率风险来说，其敞口管理主要是进行限额，这样就相当于减小了敞口的大小，由此，风险的产生和风险所产生的经济损失都是比较小的。除此之外，相关的工作人员要时刻关注汇率的变化，因为汇率是随时都在进行着变化的，如果想要减少损失，那就要时刻关注，这样就能够提前采取相关的措施，损失也就能很少产生。

3. 搭建内部风险控制机制

对互联网供应链金融体系进行风控管理的主体是互联网供应链金融企业，我国的互联网供应链金融企业在风控管理中，主要通过建立和完善内控机制，对互联网供应链金融业务进行中的风险做出事先预警、实现事中管控，并弥补事后由于风险发生导致的后果。互联网供应链金融中最核心和最基础的一环就是对企业内部的风险管控，主要是基于互联网供应链金融企业具备互联网和金融的双重特质，其面临的风险相比传统金融行业更为多元化。

在内部风险控制机制的设计过程中，操作风险的防范是最关键的。因为在互联网供应链金融中，其授信环节和内部控制模式是涉及整个供应链的，一般而言，供应链中所有企业的经营情况、财务数据和交易信息都融合在一起，银行通过对这些信息的整体把控，实现最后的交易审核和完成，那么各企业针对自己的情况，供应链中核心企业和银行根据供应链中的情况，都分别会设计出一个具有针对性的内部管理流程和信贷流程风险管控模式。

一个全面的风险控制管理系统整体框架，必须有扎实的内部控制基础，其作为企业发生各类风险时做出应对措施的参考模型。

一般情况下，互联网供应链金融企业会对自身的组织架构、战略目标和经营特点，并结合外部宏观环境，以内部风险控制模型为参考依据，制定出适合自身的企业内部风控机制。企业会以分工原则和分离制约原则为宗旨，对企业业务运营、管理运营和支持活动额分别进行独立审计，能够高效透明地实现企业内部控制，对企业风险管理和互联网供应链金融业务风险管理达到行之有效的成果。

另外，人力资源管理体系的构建，也是内部风控管理机制重要的一环，因为企业内控工作和制度的有效推进是高度依赖员工的，一套完善有效的人力资源管理体系能够促进企业内部人员的内控意识，优化内部资源配置，也是一个有效降低操作风险的手段。

4. 构建信息技术风险管理体系

互联网供应链金融具备互联网行业的特性，所以运用互联网信息技术对互联网供应链金融的运作进行风险管控至关重要，也是目前我国互联网供应链金融风控常用手段。一般的互联网金融企业，都配备 CIO 首席信息官这个核心管理岗，其主要职责就是负责通过信息技术手段对互联网金融企业运作进行风险管理，通过对各个信息系统中的资产进行风险识别，评估资产安全程度和风险程度，制定不同的安全保障措施，将潜在的信息技术风险损失降到最低。

近年来，我国互联网供应链金融交易信息技术系统主要有认证技术、加密技术、安全电子交易协议和反黑客等技术。因为相比传统金融行业的风险，互联网供应链金融面临的技术风险是其面临的最主要风险，随着目前这类信息技术的发展，我国互联网供应链金融的运作和参与企业，面临技术风险造成的影响已经被大幅削弱。

5. 基于大数据技术的风险管理模型

随着行业的发展，互联网供应链金融的外部市场环境更加复杂，对互联网供应链金融企业的风险管理要求也日益增高，在通过内部风险管理控制和常用信息技术手段进行风险防范的基础上，大数据技术的引入也逐步提升了我国互联网供应链金融行业的风险识别和计量水平。互联网供应链金融的大数据技术原理，主要是通过机器学习手段，从海量金融行业和非金融行业的数据信息中，找出相互之间的关联，结合大数据相关关系分析技术和机器算法模型，挖掘海量数据背后隐含的风险。

目前国内主要是将互联网供应链金融参与企业和电商平台等收集的海量交易信息作为大数据风控手段的基础，通过互联网大数据分析模型和第三方校验对数据真实性进行判断，评估企业的信用评级。大数据技术的风险管理模型，主要通过数据采集、信息分析与挖掘和数据应用等多层次体系来实现。

第四章　大数据背景下金融信息安全管理

第一节　大数据时代金融信息安全的发展

一、大数据时代金融信息安全刑法保护的全新需求

（一）大数据时代金融信息安全的刑法保护挑战

其客观事实是：一方面，大数据技术的更新带动着互联网金融的快速发展与持续变异，互联网金融在我国急剧扩张，充分彰显了计算机技术发展的“摩尔定律”，即每两年翻一番的规则，带来了海量的金融信息数据。另一方面，相应的法律规则却需要长时间酝酿才会出台。因此，目前中国的金融信息保护处于野蛮生长阶段，尚未有专门性的保护法规出台。2015 年 8 月，国务院印发《促进大数据发展行动纲要》，仅从宏观战略角度进行了规定，缺乏具体操作性标准。国家互联网信息办公室于 2018 年 12 月颁布、2019 年 2 月生效的《金融信息服务管理规定》，也未能对金融信息数据的法律保护进行细化，特别是对金融信息服务者严重危害金融信息数据安全的行为，也仅用“构成犯罪的，依法追究刑事责任”一笔带过。

尽管近年来刑法通过修正案的方式，在信息安全刑法保护领域实现了明显的扩张，金融信息数据依然未能引起刑法修正的足够重视。新增设的诸如

侵犯公民个人信息罪、拒不履行网络安全管理义务罪、非法利用信息网络罪等罪名，仅能保护特定领域的金融信息数据，无法对金融信息数据实现全面性保护，刑事法律失位，刑法保护亟待加强。

目前，我国致力于发展互联网金融，但对金融信息数据可能面临的风险视而不见，缺乏有效的风险防控意识，对于侵害金融信息数据安全后对国家安全、公共安全和个人安全可能造成的严重危害缺乏足够关注。目前国内学界尚未有系统研究金融信息数据安全刑法保护法律问题的学术研究成果。部分学者尝试基于大数据背景对刑事犯罪的宏观背景进行考察，例如大数据时代信息数据犯罪和刑事法律问题，大数据安全保护法律保障问题等，都是基于宏观时代背景下的思考，尚未能针对具体问题展开学术讨论。即便是上述宏观讨论，也是凤毛麟角。我国刑法学界对于大数据领域的金融信息安全法益保护和犯罪制裁思考和研究依然较为贫乏。

整体看，近 10 年来，国内学界关注金融信息安全刑法保护问题的主力是年轻学者，参与相关研究的一部分是在校研究生，具有重大影响力的学术领袖、学术中坚并没有参与到金融信息安全法律规范的研究中。导致此种现象的根本原因，是法学领域学者对技术和网络的接纳程度存在差异。然而，司法实践的现实需求并不会原地停留等待理论界的跟进。大数据技术时代金融信息安全的新陈代谢速度之快，已经远远超出了人们的想象。我们必须正视，大数据技术和互联网金融叠加效应，对金融信息数据刑法安全保护带来的挑战是一种全方位的冲击。当前的挑战，并非一种所谓“用刀杀人”和“用枪杀人”的工具更新式的简单影响，而是直接引发了法益属性和危害行为模式的深层异化，亟须学界对此进行全面和深入的研究。

（二）域外大数据视角下金融信息安全刑法保护的理论发展

早在 2008 年 1 月，美国就提出了国家网络安全综合计划（CNCI）。随后，

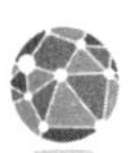

英国、澳大利亚、法国、德国等国都陆续开始关注消费者的金融信息安全问题。以美国和欧盟为代表的西方国家，基于网络安全法、数据外泄立法、消费者隐私权法、电子通信隐私法等领域的全新立法或法案修正，规范数据流转中的安全风险防控，并提出金融信息数据中的采集数据类型、数据交易类型和数据利用方式的限制性规定，对违反上述法律的金融信息数据非法收集、非法交易、非法利用行为规定了刑事责任。

当前，域外金融信息安全刑法保护的理论发展主要在以下三个领域：其一，金融信息个人隐私的刑法保护。国外学界强调在大数据背景下，必须对个人隐私进行更强有力的保护，例如传统的第三方访问原则不适用大数据刑法保护，域外学者提出，金融信息数据的收集和利用必须以数据被记录者的授权和数据使用者的责任为合法前提。其二，金融信息数据财产利益的刑法保护。国外学者基本上认同金融消费者拥有元数据的财产所有权，而在授权的前提下，进行数据收集和整理的金融信息服务者拥有处理后数据库的电子知识产权。因此，金融机构必须在对数据进行复杂分析、处理、筛选，使数据具有全新价值时才能获得受刑法保护的独立财产性权利。其三，关于金融信息数据交易的国家安全保护，域外学者提出，必须对金融信息数据进行分类，而不仅是简单的匿名化处理，以保障国家安全，例如分为公开数据、半公开数据和非公开数据，仅有第一种数据可以进行数据交换或交易，并对非法交换或交易后两类数据的行为予以刑事制裁。

（三）大数据背景下我国金融信息安全刑法保护的宏观思路

大数据技术是网络空间中新生的技术领域，大数据“以量取胜”和“非线性思维模式”的性质决定了包括金融信息数据在内的全部信息数据只有在政府机关、企事业单位、各种计算机设备、移动通信设备、网络设备、自动化处理设备、物联网设备和个人之间流动交汇才能充分地获得发展和应用。

但同时，肆意地收集消费者的金融信息数据、利用信息数据等行为，有可能会威胁到隐私权和国家秘密、商业秘密等重要利益，直接影响国家安全，因此有必要重新建构信息数据保护的法律规范体系。与历次法律时代更新一样，全面的理论更新是法律变革的前提，未来的刑法理论相关研究将肩负重要的使命。具体来看，一方面，全面反思技术因素、互联网金融产业的形成对于刑法学基础理论的冲击，对于产生于农业社会、成熟和完备于工业社会的刑法学理论以及建立在此之上的部门法律规则提供信息时代逐渐转型的基础理论；另一方面，理论研究有必要揭示大数据的特点以及快速代际转型对于传统刑事法律体系的实体影响与冲击，整体上反思大数据时代金融信息安全刑法保护建构的必要性、可行性和建构路径。

为了充分应对大数据背景下中国金融消费者信息安全的刑法挑战，理论更新和法律规范更新应当同步进行。大数据背景下信息数据的保护面临全新挑战，首当其冲的就是金融信息数据安全领域。我国的金融体系尚在发展完善过程中，金融信息安全是国家金融战略安全的基础。然而在面临着时代发展带来的全新法律挑战时，目前的刑法保护体系暴露出法律准备的严重不足。具体来看，面对大数据背景下金融信息安全的全新挑战，我国在相关法律层面应当实现一定程度的更新：一方面，应推动金融信息刑事法律体系的建构与完善立法，通过刑法修正实现新时期法律的时代更新；另一方面，明确司法实践中处理涉及金融信息的刑事法律问题的应对策略，通过对现有刑法体系的合理扩张解释，在实现全面刑法罪名体系更新之前，满足大数据时代金融信息安全刑法保护的紧迫性需求。

二、大数据时代金融信息安全的分层和嵌入特性

金融行业出现，金融信息数据也随之产生。因此，金融信息数据并不是

一个全新事物。然而，在互联网技术和大数据技术双重作用下，金融信息数据的内涵和外延都发生了变化，引发了新的刑法保护需求。与此相对应的，针对金融信息数据的犯罪模式也在实践中呈现出多样化特征，而对上述问题的明确和厘清，是进一步反思金融信息数据刑法保护体系重构的基础。

金融信息数据中同时蕴含着个体信息安全、公共信息安全和国家信息安全，三者相互嵌入，组成整体金融信息安全。

（一）金融信息的个体信息安全内涵

金融信息个体安全是指金融信息隶属于特定主体的安全状态，既包括普通的金融消费者，也包括享有金融数据权益的金融机构。对于金融机构而言，它们保存、管理着大量消费者的金融信息，消费者金融信息的安全同样是金融机构信息安全的基础。而基于大数据时代数据的高价值属性，有必要确保消费者金融信息和金融机构信息的合法权益。金融信息中的个体信息安全应当在隐私权、财产权的基础上，被视为一种全新的权益，并对其进行刑法保护；而基于成年和未成年人、自然人和商业机构等个体的差异，显然还应当构建差异性的保护模式。

（二）金融信息的公共信息安全内涵

大数据的规模性决定了金融信息数据的公共资源特性，达到一定规模的金融信息数据，特别是金融机关中保管的大量消费者金融信息，直接关系到公共利益。大规模的金融信息数据的流转过程，包括数据采集、数据预处理、数据存储及管理、数据分析及挖掘、数据展现和数据应用等一系列行为。从法律的视角来看，可以整体分为数据的获取和数据的利用两类行为，二者是大数据时代金融信息数据流转的核心和关键。

（三）金融信息的国家信息安全内涵

“没有网络安全，就没有国家安全；没有信息化，就没有现代化。”“网络安全和信息化是相辅相成的。安全是发展的前提，发展是安全的保障，安全和发展要同步推进。”达到一定数量层级的金融信息安全问题，将会从公共安全上升到国家信息安全问题，这是一个基本的法律前提。因此，有必要引入刑法对金融信息数据的数据类型、数据使用进行规范，特别是在国际金融业务开展中维护中国的“数据主权”。

三、大数据时代金融信息安全的复合性内涵

（一）金融信息安全的传统权利内涵

网络空间的存在，扩展了人类的活动场域。基于网络空间固有的技术性优势，人类的各类法律行为都开始向网络空间发展，网络空间中的权益不断地丰富，传统社会的财产权、人身权等私人权利都开始扩展到网络空间。明确上述网络空间中传统私人权利的内涵和外延，不仅是充分行使网络空间私人权利的社会需求，更是限制公权力不当扩张的法律体系内容平衡需求，是构造信息时代法治体系的关键一环。

网络空间的出现，使传统私人权利的存在场域大大扩展。尽管网络空间有不同于传统现实空间的特性，但由于人类活动场域和人类行为模式的固有联系和传承，大部分传统私人权利进入网络空间后，权利的对象和属性并未产生明显的变化。此类传统私人权利在网络空间中的发展，只是利用网络空间的技术优势，例如，从传统银行到网络银行再到第三方移动支付，尽管支付行为从现实空间演进到网络空间，但是背后的财产权定性和定量都未发生实质性改变。因此，该部分私人权利的网络空间发展，尽管可能需要进行局部性调整，但传统社会私人权利的法律基本规则依然有效，而且其同传统公

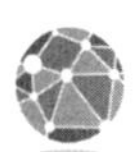

权力的关系也依然保持着平衡。然而，部分传统私人权利在网络空间获得更加深化的发展，不仅使权利外延扩张到网络空间，而且权利内涵也结合网络属性产生异化，从而使权利的行使方式和外化表现都同传统现实社会出现巨大差异，传统法律无法对此类传统个人权利的网络异化进行准确的定性和定量，需要建构全新的法律规则体系。目前来看，金融信息的财产属性所衍生出的网络空间虚拟财产权和金融信息人身权属性衍生的网络隐私权，是金融信息安全领域传统个人权利网络异化的典型。

1. 金融信息的虚拟财产权属性

与网络空间的概念不同，虚拟财产的概念并非是从域外直接移植而来的，尽管域外也有类似的“Virtual Property”概念，也可以翻译为“虚拟财产”，但是域外的“虚拟财产”强调的是通过购买行为而获得的网络虚拟物品，购买行为本身会对该虚拟物品的财产属性进行确认和赋值。换言之，域外的“虚拟财产”问题是一种价值交易后的法律评价问题。而我国对虚拟财产概念的探讨，则是基于网络空间特定虚拟物品价值评价的法律适用危机而兴起的。随着网络空间中的内容不断丰富，网络提供的服务内容的价值性也不断增长，诸如网络游戏道具、网络平台账户等网络虚拟事物的财产性价值开始被社会公众所认可，进而产生了围绕上述虚拟物品的占有、交易、流转、继承、赔偿等一系列法律适用困境，不同部门法学者都开始从自身部门法适用的角度对虚拟财产进行界定，尽管围绕虚拟财产的大量基础问题尚未有定论，但是我国法学理论界基本达成一个共识——应当将虚拟财产纳入我国法律体系中，进行准确的评价和合理的保护。我国2017年颁布的《民法总则》也在第五章民事权利中规定：“法律对数据、网络虚拟财产的保护有规定的，依照其规定。”首次在法律上明确了网络虚拟财产的私权权利属性。

然而，较为遗憾，鉴于虚拟财产在网络空间中衍生的时间较短，我国现有立法对虚拟财产的法律界定持一种较为谨慎的态度，没有对虚拟财产的概念、更未对虚拟财产权的权利主体、权利客体、权利内容等一系列问题进行明确规定。而在理论层面，对虚拟财产概念的认定不胜枚举，实际上都是通过明确虚拟财产在网络空间中的表现形式进行界定的，既通过外延的列举实现内涵的明确。而不同理论观点对虚拟财产的认定范围具有明显差异，基本上可以分为狭义说、广义说和最广义说三种。狭义说主张，虚拟财产的外延仅包括网络游戏中的道具、游戏货币和网络服务平台的账户。部分更严格的狭义说甚至主张，虚拟财产的外延仅是网络游戏中通过支付或间接支付购买的游戏道具和货币，这种界定同域外的“Virtual Property”具有一定的共通性。广义说主张，虚拟财产的外延包括网络空间中一切以虚拟数字化信息形式存在的对象。因此，根据广义说的观点，网络空间中生产、传输、储存和流转的数字化信息如计算机文件以及数字化信息的各种聚集，如网站，都可以作为虚拟财产存在。最广义说主张网络空间本身就具有虚拟的特性，因此不仅网络空间中的数字化信息，网络空间本身也可以成为虚拟财产的对象。

本书认为广义说更为合理，狭义说实质上基于问题解决的后发性反应，因为当前虚拟财产的争议基本体现在网络游戏和网络账户领域，其中网络游戏装备引发的问题更为明显。因此狭义说仅仅是做了现象描述，而未做理论的概括性分析。随着网络空间的继续深化，虚拟财产的存在场域也将不断扩张，例如以比特币为代表的“虚拟货币”，尽管其货币属性被世界各国所否定，但是在法律上却可以被视为一种虚拟财产。因此，狭义说过窄的限定不利于虚拟财产的后续保护，缺乏足够的理论前瞻性。而最广义说混淆了作为网络数据和网络空间的差异性，数字化信息在网络空间中流转，是网络空间存在的现实基础。但是网络空间不是信息数据的简单集合和叠加，而是一种基于人类行为模式扩张的抽象性场域，网络空间是人类信息数字化活动的场域，

是一个动态的、不断变化的场域，不具有虚拟财产本身要求的明确性，不能被任何主体所占有。需要明确的是，广义说只是界定了虚拟财产的存在场域，但并非所有网络空间中的数据化信息都一定能成为虚拟财产。一方面，网络空间中充斥着大量的无价值数字化信息，另一方面，部分数字化信息如网络作品，应当归属于传统的知识产权范畴，因此，网络空间的数字化信息必须同时具备新型财产权利的价值属性时才能真正成为虚拟财产。而从广义说的理论视角来看，对金融信息的虚拟财产权属性应当进行如下理解。

（1）金融信息虚拟财产权的主体

虚拟财产的客观表现形式是网络空间的数字化信息，虚拟财产的数字化信息由谁合法地所有，谁自然就成了虚拟财产权的主体。根据洛克的财产权劳动理论，最初的虚拟财产合法所有权应当通过对虚拟财产的“劳动生产”而取得，后续的虚拟财产权则可以通过转让、分割、继承等合法行为取得。

因此，金融信息的虚拟财产权主体，首先表现为金融消费者，金融消费者自身的金融状况以及金融行为是金融信息的主要组成部分。然而，由于网络空间的技术性特性，大部分金融消费者的网络行为实际上是通过各类网络金融服务商的支撑实现的，网络金融服务商为网络用户提供各种技术支持和维护，使金融消费者可以更便捷、充分地行使网络行为。例如，欧盟就将“信息社会服务提供者”分为 6 种：电子商务平台、网络支付门户、社交网络、搜索引擎、云计算服务、应用商店。因此，网络空间绝大部分信息的生产，依赖于网络服务商提供的逻辑代码和生产模式，许多虚拟财产基本上就是由网络服务商直接生产的，例如在最早引发虚拟财产法律关注的网络游戏中，游戏开发运营商所创造的游戏装备，此时该游戏装备的虚拟财产权主体应当是网络游戏开发商。在金融信息领域同样如此，一旦金融消费者将自己首次生产的金融信息提供给网络金融服务商，网络金融服务商实际上就通过合法手段获得了金融消费者的信息，网络金融服务商在特定范围内，特别是对金融消费者信息进行整理、分析，赋予其新的价值时，同样可以成为金融信息虚拟财产权的主体。实际上，网络金融消费者信息的存续也无法脱离网络金融服务商的支持，需要网络金融服务商的技术支持和维护的持续投入。最为典型的就是金融消费者移动支付信息的存续，依赖的是移动支付平台的运营。因此，网络金融服务商同样是金融信息虚拟财产权的主体之一，与提供信息的金融消费者形成一种特殊的准共有关系。实际上，虚拟财产的主体普遍是一种基于准共有的复数主体，这可以视为虚拟财产与传统财产的典型差异性之一，但是在特殊情形下，虚拟财产权也可以是单一主体，例如，网络金融消费者在本地储存，拒绝向网络金融服务商提供金融信息，或者网络金融服务商根据自身的金融活动，例如营业额、利润统计信息等，不依赖特定金融消费者，独自进行金融信息生产的情形等。

（2）金融信息虚拟财产权的权利内容

由于《中华人民共和国民法总则》对虚拟财产权的确认，基本上可以将虚拟财产权归属于财产权，但是其具体属于何种财产权，一直存在理论层面的争议，代表性观点包括知识财产权说、物权说、债权说和新型财产权说 4 种。知识产权说主张，虚拟财产属于一种无形的智慧创造性财产，应当将其视为一种特定的知识产权。物权说主张，虚拟财产在权利属性上体现为一种支配权，应当归于物权。债权说主张，虚拟财产实质上是一种主张他人作为或不作为的事后权利主张，应当认定为债权。新型财产权说主张，虚拟财产的权利属性无法归属于任何一种具体的传统财产权，应当将其视为财产权的全新发展，作为与知识产权、物权、债权相对独立的新型财产权利。

知识产权说无法将虚拟财产权归属于著作权、商标权、专利权等基本知识产权类型中的任何一种，也只能将虚拟财产作为新创知识产权的下位概念，

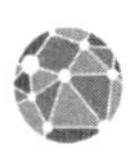

然而，虚拟财产并不具有知识产权所要求的智力成果独创性要求，这是知识产权说的最大症结；物权说的最大问题在于无法解释虚拟财产的客体有体性要求，与此同时，虚拟财产所具有的流转变动性、准共有的特殊主体形式和网络空间权利内容的多样化实现模式，都同传统物权有显著区别。而债权说的理论观点目前已经基本被法律实践所否定，法律实践中基本上认可虚拟财产权具有支配权的属性，而不是一种债权关系。

本书认为，新型财产权说更为合理。从虚拟财产权的现实运行来看，能从中找到多种传统财产权利的影子，但是又具有任何单一传统财产权利都不具备的特性：网络虚拟财产既具有知识产权客体在无形性上的相似性，又具有传统的物在保护方式上的趋同性。技术发展带来社会结构的变化，必然会让传统权利衍生出新的权利内容，虚拟财产权还在初创阶段，强行将其限定在传统财产权的类型化范畴，无助于虚拟财产权的充分保障，新型财产权说更具有理论上的自洽性和现实的合理性。

虚拟财产权作为新型财产权，同传统财产权一样，具有基于合法所有虚拟财产而产生的绝对权，可以对虚拟财产进行使用、收益和处分。然而，值得注意的是，虚拟财产本质上由数字化的信息组成和排列，而这种信息的组成和排列的财产性价值，依赖于特定的数据应用场景，因此，虚拟财产的使用、受益、处分受制于特定的应用场景，这种应用场景普遍由各类专门的网络服务商所提供。例如，网络金融服务商停止服务后，网络金融消费者的信息将出现由于无法存续而消失的危险。同时，网络金融服务变更服务规则会引发虚拟财产价值的重大变化，例如，网络金融服务更改金融消费者对自身金融信息的查询方式等。因此，在网络金融消费者和网络金融服务商双重主体共有虚拟财产的模式下，网络金融消费者在向网络金融服务商提供自身金融信息的同时，应当同网络金融服务商达成关于金融信息的服务协议，协议中应当明确网络金融服务商的服务期限、可能性的变动等，网络金融消费者在协议的基础上享有自身权利，当其他主体侵害网络金融消费者对金融信息的使用、受益、处分权利，或者网络服务商违背网络服务协议，单方进行变动，给网络金融消费者所享有的金融信息虚拟财产权利带来损害时，网络金融消费者享有完全的损害赔偿请求权，诸如返还金融信息、网络金融服务商彻底删除金融消费者个人信息，排除妨害和消除危险等。

2. 金融信息的网络隐私权属性

隐私权是传统人身权的重要内容，人类的活动扩展到网络空间之中，并未改变特定行为和信息的私密性要求，因此，传统社会的隐私权可以同步适用于网络空间。然而，由于网络空间信息流转和储存方式的特殊性，网络空间中同私人生活安宁和私人信息秘密密切相关的金融信息隐私权保障，具有不同于传统社会的特殊性，从而使网络空间中的隐私权衍生出全新的网络空间被遗忘权。

（1）网络空间中金融信息隐私权保护的特性

隐私权是传统社会人身权的重要内容，我国当前尚未有专门的“隐私法”，隐私权的规定散见于不同的部门法之中。而在法学理论层面，我国学者关于隐私权的概念也未能达成统一性认知，整体来看，理论界关于隐私权的内涵存在两种基础性观点。其一，隐私权的核心内涵是私人领域秘密。该观点认为，隐私权是在个人私密领域的完全处分权利，可以排斥任何外部的不当干涉；其二，隐私权的核心内涵是公共利益的无关联性。该观点主张，隐私权只有在同公共利益无关联性时，才能在私人领域进行完全处置。

尽管我国关于隐私权的界定依然存在争议，但无论是基于何种理念解读，都不影响隐私权适用于网络空间。网络空间存在着大量关系到个人人格尊严、生活平安的个人私密性信息，金融信息就是最为明显的隐私性信息之一。从

私人领域秘密的属性进行审视，隐私权扩展到网络空间，有利于促进网络主体充分地参与到网络空间，保障个人在私人网络空间领域的工作和生活安宁，避免由于担忧私密信息外泄而排斥网络空间进一步深化；从公共利益的无关联性来看，网络空间中隐私权实现的关键在于对特定属于私人领域信息的保护，特别是能够进行个体身份识别的信息保护，而网络空间中基于公共利益的信息的利用，往往不以身份信息为前提，在特定情形下需要利用网络主体身份信息时，例如网络金融平台实名制管理、网络异常交易金融信息监管等，此类身份信息的利用控制在特定的授权主体范围内即可，不需要在网络空间中全面公开，也并不妨碍网络空间隐私权的实现。因此，有必要在网络空间中引入隐私权的概念，对网络空间中的私人信息，在隐私权的权利范畴下予以合理保护。实际上，当前，大部分国家和地区已经明确将网络空间视为隐私权的适用场域，并成为各国隐私权法律更新的重要内容。例如，新西兰1997年颁布的《隐私法》明确将网络空间中的特定信息视为隐私范畴；西班牙1999年颁布的《个人数据保护法》再次强调，禁止在互联网上公布同身份信息相关的个人信息；而美国联邦和各州层面也在21世纪初大范围地更新隐私权相关法律，将隐私权的保护视为“网络社会现代文明的重要内容”。

因此，网络空间中的金融信息隐私权属性应当获得法律的认可和充分保障。然而，由于网络空间中信息传播在时间和空间上的无限延展性，传统的隐私权保障模式在网络空间受到严峻挑战。尽管网络空间隐私权的确定，能尽量防范网络主体的私人信息被社会公众所知悉，但是基于特定主体的知情权、公开审判、新闻媒体自由等多元价值的存在，依然存在较大可能性使特定的个人隐私信息被社会公众知悉。而基于不同的价值选择，法律对待价值冲突引发的网络私人信息公开所持态度并不一致。例如，对于能否公开他人的犯罪记录信息问题，奥地利刑法规定，禁止在网络空间传播已经服刑完毕者的犯罪事实，而美国通过“考克斯广播公司诉科恩案”等典型判例，认可新闻媒体在网络空间发布包括身份信息在内的全部刑事犯罪相关信息的合法性。与此同时，传统社会无法完全杜绝的各种对个人金融信息的非法侵害、恶意泄露问题，在网络空间中不仅依然存在，而且借助网络空间信息传播与储存的便利性，更为严重。因此，网络空间中必然存在大量的属于隐私权范畴的金融信息不处于权利主体制之下，而与现实空间不同，上述隐私性金融信息在网络空间中将演变成终身存在的永久性传播，这使金融信息主体在网络空间的私密性和安宁性受到永久性威胁，严重削弱了网络空间中金融信息隐私权的保护意义，因此有必要引入特定的保障机制。

（2）网络空间金融信息隐私权新增的被遗忘权权能

信息数据的价值一直存在，但是信息和网络技术发展发掘了信息数据的潜力。传统社会无法收集和分析的大量零散、细小的信息数据，在网络空间领域，数据分析的传统线性思维模式被打破，引发了信息数据的价值变革。网络空间中所有信息都可以被永久储存和反复利用，我们进入了一个“不会遗忘信息的时代”。“互联网大大加快了信息流转，丰富了信息的存储方式，延长了信息的存储时限，遗忘和记忆的天平翻转了，个人数据在网络空间被记忆是常态，而被遗忘成了例外。”然而，基于技术的中立性，无论是对信息主体的有益信息还是有害信息，都有在网络空间永久性传播的可能性，而为了避免个人隐私信息在网络空间中的无限存在对信息主体的正当利益造成困扰，理论界提出被遗忘权的权利概念。

被遗忘权是一项新兴权利，关于被遗忘权的内涵究竟是“遗忘”还是“删除”，理论上依然争论不休。但是鉴于网络空间中隐私权保护的客观需求，立法机构已经开始尝试在立法上建构被遗忘权的法律体系。欧盟正在积极推动被遗忘权立法，欧盟议会在 2012 年赋予个人信息主体在法律规定的特定情

 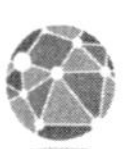

形下，有权利禁止特定信息在公共网络空间中传播。2014 年，欧洲法院通过裁定谷歌西班牙公司移除相关信息的链接，实现了被遗忘权的首次法律适用。

网络隐私权新衍生的被遗忘权，可以避免非法或合法泄露金融信息，在网络空间中长期非法传播或合法传播的理由已然不存在。如果其继续传播，会导致金融信息主体由于金融信息持续处于“曝光”状态而无法享受个人生活的私密性和安宁。因此，通过对隐私权进行扩展，引入网络空间的被遗忘权，是信息时代背景下金融信息隐私权属性法律保护完善的必经路径。

3. 金融信息私人权利和公权力制衡关系的网络空间发展

自国家概念出现之后，公权和私权之间的冲突就一直存在，而公权和私权之间的关系，也成为人类社会不同阶段法律体系的显著特征。而随着信息时代的发展，网络空间的兴起使公权和私权都具有了新的场域空间和实现模式，传统社会中的公权和私权博弈自然也同步扩展到网络空间。然而，网络空间中的公权和私权也开始呈现出全新的特征。美国学者曼纽尔·卡斯特于 21 世纪初期提出，网络社会的崛起使网络化逻辑扩展到人类生产和生活的全部领域，必然导致传统权力和权利之间呈现全新的冲突模型。而从农业时代到工业时代的法治发展历程来看，规范公权保障私权是法律体系不断变革的主要方向之一，特别是第二次世界大战以后，通过私权的充分行使限制公权的过度扩张，成为世界范围的共识。因此，在信息时代的网络空间场域，根据网络社会发展的客观需要，通过网络化的金融信息私人权利对网络公权力实现合理的限制，在网络空间中形成新的公权和私权的法律平衡，将是信息时代社会治理创新的重要内容，更是评价国家治理现代化的基础性指标。

传统社会中的公权和私权在网络空间的法律确认模式并不相同，前者普遍通过法律主动宣示，以一种“自上而下”的方式介入网络空间，后者则往往是权利在网络空间自然发展后，再被法律被动承认，“自下而上”地介入网络空间。尽管公权力和私权利在网络空间中的发展路径并不相同，但都在网络空间场域开始行使后出现，二者在传统社会中固有的冲突也随之在网络空间中出现。传统私权和公权的制衡理念虽然基本形成于工业时代，但是基于社会和法律发展的延续性，在信息时代也依然具有其合理性，诸如公权力的权责一体理念、公权力的监督制度等，依然需要在网络空间中坚守，为了更好地适用于网络空间，私权利和公权力的制衡理念同样应当进行一定的调整。

同现实空间一样，尽管网络空间也存在传统个人权利的滥用问题，但公权力的滥用显然是更为严峻的问题。公权力天然的强制性和主动性极易演变成侵蚀性和扩张性，因此，传统私权利和公权力之间在网络空间中平衡关系的调整，同样应当以网络公权力的主动限权为主要模式。具体来看，为了保障金融信息私人权利在网络空间的充分行使，网络公权力应当进行以下两方面的调整：第一，正视网络空间的多元属性。网络空间具有公共属性，并不排斥其同样具有私人属性，在网络公共空间场域可以充分行使公权力，而在网络私人空间公权力则应当止步，只有私权利的行使给私人空间领域以外带来不利影响时，公权力才可以介入。第二，尊重网络空间传统私权利的合理扩张。传统私权利同网络特性结合后，不仅权利外延会扩张，在特定的情境下权利的内涵也会扩展，例如金融信息的财产权属性在网络空间衍生的虚拟财产权，金融信息的隐私权属性在网络空间衍生的被遗忘权等，此类扩张是传统私权利在网络空间的合理发展，不是私权的滥用，公权力应当尊重私权利的扩张，避免对网络私权利异化过度干涉。

（二）金融信息安全的新兴权利内涵

信息时代卷起的技术新浪潮正在迎面扑来，而信息是未来社会的核心要素，人类尚处在信息时代的起点，信息数据的价值已然产生了质的飞跃，金

融消费者个人信息是网络空间金融信息数据的主要来源，其既同个体财产权和人身权密切相关，也蕴藏着巨大的社会财富、公共福祉和国家利益。在信息时代，各种技术发展日新月异，我们最大的挑战并非是信息数据的巨大变革，而是面对这种变革我们尚未“准备好”，其中法律准备正是应对这种变革的准备基础，在新的时代背景下，如何重新界定金融信息的个人信息权利属性和权利内容，是信息时代法律更新的关键行为问题之一。

1. 个人信息的法律界定

个人信息权利是基于私人领域的个人信息而产生的信息自决权，因此，要准确地界定个人信息权利，首先应当明确个人信息的外延。而面对网络空间个人信息这一全新事物，无论是理论上还是实践上都缺乏足够的积累，这也使个人信息的外延处于不断的变动当中，理论界关于个人信息的各种概念界定争论不休。直至2012年，全国人大常委会在《关于加强网络信息保护的决定》中规定：“国家保护能够识别公民个人身份和涉及公民个人隐私的电子信息。”这是我国在法律层面首次对个人信息进行界定，从中可以发现，《关于加强网络信息保护的决定》将网络空间个人信息限定为身份信息和隐私信息的集合。2016年颁布的《中华人民共和国网络安全法》中又对个人信息法律概念进行了重新界定：“个人信息，是指以电子或者其他方式记录的能够单独或者与其他信息结合识别自然人个人身份的各种信息，包括但不限于自然人的姓名、出生日期、身份证件号码、个人生物识别信息、住址、电话号码等。”从《网络安全法》的规定来看，强调个人信息必须具有“身份可识别性”的属性，没有规定隐私信息，似乎较《关于加强网络信息保护的决定》的外延有所限缩，但实际上，隐私权是典型的私人权利，只有将特定隐私信息的内容和特定隐私信息主体联结起来时，才会对隐私权人的生活私密性和安宁性产生影响，换言之，缺乏“身份可识别性”的信息不能被评价为隐私信息。因此，《网络安全法》的规定实质上是对《关于加强网络信息保护的决定》的扩张，因为其不仅包括直接标识身份的信息，还包括同其他信息结合后具有身份识别性的信息，而后者在大数据技术背景下，将极大地扩展个人信息的外延。可见在立法层面，个人信息的外延呈现出明显的扩张趋势。

2. 新兴个人信息权利和网络公权力制衡关系的建立

网络空间公权力的介入具有必要性，但网络空间中的公权力介入必须通过明确的立法授权方式。网络空间公权力的合理介入体系将成为信息时代法律全面更新的重要内容。因此，未来我国公权力立法活动应秉持公权力和私权利平衡的理念，创制能够同时适用、规范现实空间和网络空间的公权力体系。而互联网空间的法律体系建构，不仅要实现网络空间的秩序维护和安全保障，同样要促进网络空间的经济和社会发展。为了实现上述两种价值取向，网络空间中的公权和私权就应当保持一种平衡状态，同步发展，公权和私权都不能滥用，尤其应防止公权侵犯私权的法律风险。而网络空间中公权和私权平衡的维系，不仅要实现传统私权和公权的制衡关系在网络空间的发展，更要关注网络空间新型私权和公权制衡关系的重新构建。因此，围绕着全新的个人信息权，建构权利内容和权利行使法律规则体系时，应当运用系统化思维模式，对公权力可能不当介入个人信息权利进行预防性立法，从而实现对个人信息权利和网络公权力的合理制衡。

个人信息权利的本质是对个人信息的自决权，这种自决权受到公共利益和他人合法权益的制约，而在个人信息权利尚未被提出的网络空间形成初期，公权力就已经开始对网络空间中个体处分信息进行限定。例如，美国早在1996年的《电信法》中就开始对网络空间中能够传播的私人信息内容进行限定。换言之，与传统权利相比，新兴的个人信息权利在网络空间中的确立更为滞后，而公权力主体却早已获得全面介入个人信息领域的权力，所以，个人信息权

利成为法定个人权利后，必须明确自己的领地边界，使“先占”的公权力退出其不合理侵占的领域。

具体来看，在金融消费者个人信息领域，网络公权力应当通过立法在以下三个领域对自身权利进行限制，这也是我国当前网络公权力立法显著缺失的环节。其一，阻碍金融消费者个人信息控制的公权力限制。个人信息权是归属于信息主体的权利，个人信息一旦产生，信息主体就具有对个人信息的占有和处分权能，而这种权能以信息主体能够充分控制为前提，个人信息控制行为的基本场域属于网络私人空间，公权力应当严格限定其阻碍个人信息控制的行为，只有在金融消费者个人信息涉嫌违法、犯罪，或将对他人合法利益或公共利益造成危害时，才能对信息主体的个人信息控制进行阻断。其二，获取金融消费者个人信息的限制。尽管金融消费者个人信息同样具有公共利益价值，但是个人信息对于信息主体的私权利益是基础性价值，因此，公权力对金融消费者个人信息的获取必须经过信息主体的认可。除非基于特定公共利益需求，否则不得获取个人信息。例如，刑事犯罪侦查等，可以在未经信息主体授权的情况下获取个人信息，且该特定公共利益应当由立法明确，并遵循严格的程序规则。其三，利用金融消费者个人信息的限制。由于网络社会管理的需求，公权力支配的大量官方数据库，会通过合法手段收集和储存大量的金融消费者个人信息。但是，获取信息的合法授权，并不意味着公权力获得了金融消费者个人信息的利用授权，公权力未经授权滥用个人信息，对信息主体利益造成损害的，应当承担国家赔偿责任。

第二节　金融信息安全的刑法保护边界

技术发展会推动社会形态的进阶性变化，而信息社会则是技术范式所缔造的全新社会形态。在技术与文化的细微交互作用之下，信息社会根植于数字化信息生产和利用的功能特性，在不断丰富人类行为模式的同时，也必然会引发各种权益的持续性扩展和更新。信息社会同传统社会最大的差异，是在传统现实空间的基础上，又缔造了一个网络空间，现实空间和网络空间相互交织，信息数据的巨大潜力被充分释放，金融信息安全引发的全新刑法保护需求，实际上正是金融信息在网络空间中流转所产生的。因此，尽管对诞生于农业社会、发展成型于工业社会的现代法律来说，如何适用于网络空间是一个极具挑战性的命题，但“网络空间不是法外之地”已然成为当今社会的共识。基于网络空间中各类个体利益、公共利益、国家利益的保护需求，法律全面适用于网络空间具有其时代必然性。而在努力调整以适用于网络空间的各类部门法中，刑法的反应速度无疑是较快的，不仅通过司法解释将传统犯罪迅速地适用到网络空间，并且不断通过刑法修正增设网络犯罪专属罪名。然而，我们在不遗余力地推动刑法在网络空间中“高歌猛进”的同时，也不能忽视其背后的法律风险。刑法在网络空间对金融信息安全的保护，依然应当保持其应有的谦抑性，基于公权和私权的平衡，明确网络空间中的刑法边界。

网络社会中刑法的时代性更新不可避免，而刑法在网络空间的扩张必然是更新的重要方向。作为古典自由主义刑法理念代表的德国，近些年也在网络犯罪领域不断地进行犯罪化和刑罚严厉化的扩张。而英美法系国家的犯罪化扩张倾向显然更加明显。进入 21 世纪后，英国刑法每年新创制的罪名都数

以百计。

关于网络空间中的刑法更新，德国学者乌尔里希·齐白提出，为了应对包括网络技术风险在内“世界性风险”的挑战，“刑法的延伸和‘去边界化’”应当成为一种基础解决模式。该观点一经提出，围绕着该主张是否会引发刑法工具主义、人权保障虚化甚至政府集权等问题，在德国刑法学界出现了新一轮学术争鸣，而由此引发的“风险刑法”理论纷争，也在我国学界产生了显著的影响，一时间不乏大量的支持声音。然而，本书认为，即便是在“风险社会”中，“权力一直到遇有界限的地方才休止”的公权力扩张惯性也依然存在，甚至更为明显。风险刑法理论所主张的“去边界化”，无论是一种突破传统刑法边界后的刑法边界前移，还是消解传统边界后刑法不再具有边界，都违背了刑法边界设定的初衷，都会导致公权和私权之间的失衡，最后必然导致“无边界地滥用刑法”。基于公权力不变的天然扩张属性，刑法必然要设定明确的边界。

公权和私权的网络空间法律确认模式并不相同。前者普遍通过法律主动宣示一种“自上而下”的网络空间介入策略，后者则往往是权利在网络空间自然发展后，再被法律被动承认的“自下而上”的介入。尽管公权和私权在网络空间中的发展路径不同，但在网络空间场域开始行使后，二者在传统社会中固有的冲突也在网络空间中随之出现，而传统私权和公权的制衡理念虽然基本形成于工业时代，但是基于社会和法律发展的延续性，在信息时代依然具有其合理性，国家在网络空间行使刑事处罚权也必须保持边界意识。因此，在信息时代的网络空间场域同传统现实空间一样，刑事处罚权的天然扩张属性依然存续，尽管网络空间也存在私权滥用问题，但公权的滥用显然是更为严峻的问题，特别是刑事处罚权的强制性和主动性，极易演变成侵蚀性和扩张性。因此，私权和刑事处罚权在网络空间中平衡关系的调整，应当以刑事处罚权的主动限权为主要模式。网络空间中刑事处罚权的行使必须坚守刑法边界，进而实现对刑法网络空间扩张的合理限制，最终在网络空间中形成新的公权和私权的法律平衡。这将是信息时代社会治理创新的重要内容，更是评价国家治理现代化的基础性指标。

因此，风险刑法的“去边界化”主张，属于对刑法化解网络空间新兴违法犯罪破坏性影响的过度期待，而忽略了任何时代变革引发的社会问题的解决，都应通过各种部门法的同步更新实现。网络空间中私法也应当发展，而不能仅依赖公法扩张，特别是不能过于依赖刑法扩张。因为作为公权的刑罚权在网络空间中的过度运用，必然会损害网络空间中私权的发展。

第五章　金融科技与监管科技新框架

第一节　金融科技的发展与应用：经济金融领域的应用实践

随着大数据和计算机并行计算的发展，人工智能逐渐渗透到各个领域，使各个行业在经济社会发展中发生深刻变革。在变革的过程中，机器学习在各类人工智能任务中备受青睐，成为解决人工智能发展瓶颈的关键技术。金融业不断吸收和融合前沿科技创新，金融科技（FinTech）成为下一代技术创新、管理创新、应用创新的重要支撑，并反过来影响社会需求，成为金融新业态。本章将在梳理已有金融科技对金融稳定影响的基础上，论述金融科技在监管领域应用的重要性，并进一步说明机器学习对金融数据的适用性以及对改进传统方法的贡献，深入分析机器学习带来的金融领域实证分析范式的转变，并指出其在未来金融领域应用中可能的研究方向。

一、金融科技的发展与金融创新

根据金融稳定理事会（FSB）的定义，金融科技主要是指由大数据、区块链、云计算、人工智能等新兴前沿技术带动，对金融市场以及金融服务业务供给产生重大影响的新兴业务模式、新技术应用、新产品服务等。从技术路线看，金融科技创新发展主要有两条路径：一是以传统金融机构为主导，在金融业务中引入科技手段，推进金融业务变革和金融创新；二是以科技企业为主导，基于科技优势拓展金融业务，将科技手段渗透进金融领域。二者的本质都是科技与金融的融合。从金融科技的发展看，美国是金融科技先行发展国家，当前全球有超过 4 000 家金融科技公司，北美地区占比超过 50%，其中支付、借贷、众筹、数据分析是金融科技公司主要的集聚领域。近年来，中国金融科技快速发展，据 CB Insights 统计，2018 年全球金融科技独角兽公司共计有 39 家，其中亚洲地区的金融科技独角兽企业有 9 家，6 家为中国企业。

金融科技当前已经深度渗透到金融业诸多领域，推动着金融创新层出不穷地发展。郭树清（2017）认为银行业或金融业的科技时代已经到来，银行业要充分利用金融科技，依托大数据等新技术，创新服务方式和流程，整合传统服务资源，联动线上线下优势，从外向内升级，提升资源配置效率。在金融业务创新实践方面，国内一些银行和科技企业陆续结成战略合作关系，在提升金融服务效率、提高金融数据精准性、促进金融服务便捷性等层面进行合作，如中国工商银行与京东的战略合作，中国建设银行与蚂蚁金服的战略合作，中国农业银行与百度的战略合作，中国银行与腾讯的战略合作。此外，金融科技也渗透到非银行金融机构的跨境支付与经纪业务、移动跨境支付和智能投顾等跨境金融业务领域，其中尤以跨境支付领域的金融科技发展最为迅速，当前中国境内消费者已经可以在境外较多国家（地区）使用第三方支付，其中支付宝服务已经覆盖 28 个国家（地区），财付通服务已经覆盖 15 个国家（地区）。区块链技术在跨境金融服务领域的发展也十分迅速，当前已经形成了包括金融区块链合作联盟、中国分布式总账基础协议联盟和中国区块链研究联盟在内的跨境领域三大联盟。

二、金融科技对传统金融理论的挑战

（一）金融科技对金融中介理论的挑战

传统理论认为金融机构在金融交易活动中扮演着中介机构的职能。几个重要的理论分别从不同角度阐释了金融中介的存在机制。Lelan 和 Pyle（1977）提出的信息共享联盟理论认为，银行可以低成本搜寻和鉴别预期收益高的投资项目，并将高收益项目信息与存款者共享，以实现规模经济效应。Diamond 和 Dybvig（1983）提出的风险管理与分担理论认为，金融机构能够为资金供求双方提供资金数量、期限的匹配和风险管理；通过吸收活期存款，满足客户在不同时间的消费需要，并更好地分担风险。Diamond（1984）的受托监管理论认为，借款人和投资者之间存在信息不对称，银行受托充当监督者，避免了由存款者分别监控的高成本，以此克服信息不对称并实现成本优势。金融科技的发展对金融中介理论形成了新的挑战。这种挑战主要体现在以下两个方面。

1. 金融科技中的区块链技术能够实现去中介化的金融交易模式

中介机构存在的基础是市场存在信息不对称和信任缺失，区块链技术能够实现点对点交易、私密交易、可追溯交易、智能合约，从而实现了建立在区块链信任基础上的无须中介的交易信息或价值的交换。

2. 金融科技对交易成本理论提出了挑战

信息经济学认为，由于信息不对称、逆向选择和市场摩擦的存在，实现供需匹配的交易行为是存在交易成本的。科斯定理认为，正是因为市场交易存在成本，企业会用成本较低的内部交易替代成本较高的市场交易，节约了市场交易成本。金融交易也一样，金融中介之所以存在，是基于逆向选择和道德风险两个基本理论认识，这也是金融中介存在的基础。金融科技发展带来的资金供求渠道变革，可以实现资金供求的“直接匹配”，甚至能够实现比企业内部交易更低的交易成本，能够摆脱市场供求匹配机制下的交易成本约束，达到接近零成本交易的理想环境。

（二）金融科技对效率市场理论的挑战

金融科技的发展对效率市场理论提出了挑战。

1. 对法玛（Fama）有效市场假说的挑战

传统的有效市场假说认为，一切有价值的信息已经及时、准确、充分地反映在股价走势当中。但考虑到社交网络能够促进投资者实时的交流互动，从而促进个体行为和群体行为的趋同，带来的影响是个体行为可能对单个证券或整个证券市场产生影响。例如在一些投资论坛中，高效及时的信息交流会使很多投资者追随投资大师进行投资，从而导致市场“羊群行为”的出现。

2. 金融科技的发展可能会导致超级法玛定理出现

金融科技中的大数据技术具有超强的信息自动分析能力，在市场信息充分、透明的情况下，投资者掌握的信息有“均等化”特征，在计算速度足够快的情况下，金融科技相关技术能够分析市场上的所有相关信息，从而永远比人类分析师早一点得到真实股票价格，战胜人类投资者。

（三）金融科技对法定货币理论的挑战

传统货币理论认为货币具有外生性，即货币供应量可以由中央银行进行管理和控制，这也是货币政策的核心，但金融科技有可能创造脱离中央银行的货币体系和支付体系。例如，影子银行参与信用创造。传统货币理论主要研究主权货币，但根据金融科技逻辑，货币不一定只能以信用为基础，基于对数据技术信任的共识也可以产生非主权数字货币。“自适应”的数字货币（弗里德曼有类似思想）内生于实体经济，根据规则自动调整发行量（设想货币

政策通过程序设计来实现），以保持币值稳定。在数字货币时代，基础货币的发行依据、广义货币的创造与货币乘数、货币周转速度的度量都有可能发生演变，这将对传统的货币需求或供给理论构成新的认知冲击。

三、金融科技在监管领域的应用情况

近年来，金融科技概念在全球迅速兴起，信息技术与金融服务的融合带来了全新的发展机遇与挑战。互联网金融作为金融科技的代表，标志着新的金融业务模式兴起和新风险的产生。谢平等（2012）认为互联网金融模式可以扩大交易的可能性集，最大限度地分散金融市场的风险，即单个证券的单个风险将被完全分散。赵鹳（2016）在基于消费的微模型框架下分析了社交网络的结构特征，发现这些特征在股价波动风险之中有所体现，提出互联网金融模式并不能完全分散个体风险，而是加剧了股价的波动。朱太辉等人（2016）系统研究了金融技术的潜在风险及其在监管中的应用，认为金融技术可以提高资源配置效率、风险管理能力。但传统金融风险也隐藏在金融科技业务之中，因此需要关注风险的系统性和周期性。市场机构和监管部门面临如何完善金融服务和监管模式，实现金融与技术的有机结合，更好地实现安全与效率的平衡等一系列问题。

随着大数据的积累和并行计算能力的发展，人工智能等技术手段已经成为新一代金融科技术语，引领金融行业在经济社会发展中不断进行深刻变革。机器学习和深度学习广泛应用于各种人工智能任务中，突破了人工智能领域的技术瓶颈。金融市场是一个具有非参数特征的噪声动态系统，其往往具有一系列复杂而非线性的特征，对金融数据的分析与预测是一项具有挑战性的任务。由于金融数据呈现出复杂、噪声、高维等特点，传统的计量或参数方程方法在不同程度上体现出对金融数据的“不适性”，例如传统人工神经网

络方法的非线性特点尚不具备对如此复杂的数据进行准确建模的能力。同时，传统分析和预测方法往往会在使用中出现过拟合、收敛速度慢等缺陷，在应用方面与现实存在着一定的距离。Hinton 和 Salakhutdinov（2006）提出的基于多层神经网络的机器学习方法（深度学习）为金融数据分析提供了一个新的思路。深度学习会像人脑处理数据那样考虑信息，通过一系列隐藏层加强传统神经网络进而提升预测能力。在金融领域的分析与预测中，这种方法不仅在一定程度上解决了传统方法的难题，同时也改变了金融学乃至经济学实证分析范式，对促进金融发展和金融监管效率提升具有重大意义。

受大数据、机器学习、人工智能等新技术发展渗透的影响，金融业呈现明显的混业经营趋势，对于“银证保基”来说，金融科技变革了与客户联系的纽带，拓宽了服务边界，金融服务和产品向多元化发展。通过移动通信、互联网技术，金融机构和金融科技公司在培养和维系客户的同时，由于客户群体的拓宽、客户覆盖率的提高，新风险随之显现。此外，金融创新产品和服务的多元化，在为消费者带来便捷的同时，不确定性也大大增强，产生风险隐藏和传递效应。在新形势下，金融风险管理也具有新的特点，创新业务风险占比上升，买方市场在互联网金融的推动下得到强化，从而竞争的关键在于为客户提供差异化、创新和体验式的金融服务。随着线上金融、直销银行、网上信贷、互联网保险等创新业务层出不穷，金融机构的客户范围和数量大幅提高，但也带来信用评估、资质审查困难和其他相关风险。金融创新发展中信用违约互换（CDS）等新兴金融产品应运而生，但同时这些产品由于具有高度的流动性风险、价格波动风险和杠杆率，对其风险暴露造成的影响难以度量。此外，理财产品受到青睐，资本市场成为新的融资渠道。但资本市场产品相对而言价格波动大、周期性强，具有更大的风险敞口，给流动性风险管理带来了挑战。在这一发展趋势下，创新风险管理技术所占比例也不断提高，

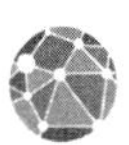

利用互联网、大数据、人工智能、区块链等新技术的风险管控体系逐渐在机构中流行，定量决策驱动的智能风险控制已成为监管部门和机构普遍关注的问题。

四、监管科技应用创新与发展潜力

一是金融机构及其业务的大数据基础完善、标准程度高。数据技术已经很发达，包括自动搜索、网络爬虫、自动分类等。数据组织技术，特别是搜索引擎技术，通过应用深度学习等算法，能够对来自不同领域的数据（包括图像、音频、文字和数字等不同类型）进行分类、索引，转化为有条理、可共享的信息和知识，例如百度大脑、谷歌大脑等。数据足够大、计算机速度足够快，这是人工智能金融监管的必要条件，目前已经基本达到。机器学习生成算法是充分条件。在大数据条件下，传统监管手段存在局限性。金融交易日益频繁，大量金融数据实时产生，交易的复杂度和隐蔽性越来越高，传统监管手段力不从心。人工智能可以快速处理大量数据，通过机器学习挖掘数据潜在联系，更新知识库，成为大数据条件下金融监管的有效手段。

二是人工智能金融监管的基本原理。当数据足够大时，监管部门所有工作人员关于“金融监管”的知识总和，对于人工智能而言，都是可统计和掌握的，机器学习可以模拟统计规律，自动生成算法，跟踪并计算出每个金融机构的风险和金融系统风险（动态违约概率），给出解决方案，执行处罚。依靠算法能够系统分析风险，自动识别和发现风险事件、责任人，识别机构风险等各方面风险和安全漏洞。例如，根据美国证监会的报告，作为目前全世界证券交易数据的最大储存器，CAT 每天新增约 580 亿条交易记录，保持超过 1 亿用户的账户数据。该系统以人工智能为技术支撑，将实时监控市场上的所有交易订单并甄别出可能涉嫌价格操纵的交易。

三是人工智能算法。许多算法可以作为主要风险管理手段或作为决策补充。需要强调的是，这些算法不需要人一一编程序，而是机器学习自动生成，而且还会适应金融监管不断变化的需求。例如原有算法逐渐失效的时候，遗传算法可以通过分析数据、重新构建数据之间的关系，实现算法的自动迭代。对风险预警、执行处罚、观察金融机构整改状况、撤销处罚都可以由人工智能解决。

四是科技创新正在深刻影响现有金融体系。账户、支付、存款和贷款等基本业务都将发生改变。在现代金融业充分与互联网和大数据相结合的条件下，人工金融监管认知能力的局限性已经越来越明显，人工智能金融监管将不仅是可选项，而是必选项。

第二节　金融科技的技术原理：以机器学习集成学习算法为例

本节重点介绍机器学习模型中的集成学习方法，主要分析和解释集成学习方法。考虑如何在大数据环境下，对海量数据信息进行有效组织和预处理，构建区分能力较强、稳定性较好且具有较好解释性的机器学习模型。

一、决策树定义和推导

（一）决策树的基本概念

决策树依托策略决策而形成，是机器学习中的预测模型之一，代表对象属性和对象值之间的映射关系。树中的每个结点对应一个对象，每个分支路

径代表属性可能的取值。从根结点到叶子结点的路径对应为一组判定序列。决策树分为二叉树和非二叉树，可以视作 if-else 规则集合，或是特征空间中的一个条件概率分布。决策树在机器学习模型领域的特殊之处，在于其信息表示的清晰度。决策树通过训练获得的“知识”，直接形成层次结构。

一棵“树”目的和作用是“决策”。一般来说，每个结点上都保存了一个切分，输入数据通过切分继续访问子结点，直到叶子结点，就找到了目标，或者说“做出了决策”。决策树实际上是根据已知经验构建一棵树，可以认为是根据数据的某个维度进行切分，不断重复这个过程，如果切分的顺序不同，会得到不同的树。不同决策树合并后得到树叶子结点的个数是不同的，叶子结点越少，往往决策树的泛化能力越高，所以，可以认为训练决策树的一个目标是减少决策树的叶子结点。

决策树的原理类似于流程图，逐步判断条件是否成立，并据此依次进行不同的选择。首先需要解决如何选择最优划分属性的问题。一组数据一般含有多个特征（x），而如何选择特征和选择特征的先后，会直接影响到模型训练的速度和准确率。数据收集是否充足、特征选择是否恰当、决策树的修剪都将影响模型的准确率和训练速度。

（二）决策树的算法

决策树构建一般分为三个步骤：特征选择、决策树的生成和决策树的修剪。一般地，一组数据含有多个特征，而选择哪个特征和特征选择的先后顺序，会影响决策树模型的训练速度和准确率，即解决选择最优划分的属性的问题。解决该问题主要有三个判断指标：信息增益（ID3 算法）、增益率（C4.5 算法）、基尼指数（CART 算法）。

1. 基于ID3算法的决策分析

1986年，Ross Quinlan开发出一种基于决策树的分类算法——ID3。该算法从信息理论出发，对数据的分类以信息熵和信息增益为基础。ID3基于衡量信息增益，采取自上而下的贪心策略建立决策树，拥有决策树查询效率高、规模小等优势，但也存在无法保证所生成是最小决策树的缺点。

（1）信息量

信息量是作为信息“多少”的度量，这里的信息就是一般泛指的信息，例如一条新闻、考试答案等。当越不可能的事件发生了，我们获取到的信息量就越大。当越可能发生的事件发生了，我们获取到的信息量就越小。

①信息量和事件发生的概率相关，事件发生的概率越低，传递的信息量越大。

②信息量是非负的，必然发生的事件的信息量为零（必然事件是必然发生的，所以没有信息量；几乎不可能事件一旦发生，就具有近乎无穷大的信息量）。

③两个事件的信息量可以相加，并且两个独立事件的联合信息量是各自信息量的和。

（2）信息熵

信息熵是指接收到的平均信息量，用来衡量信息的不确定性，表示为随机变量的平均值。在均匀分布下，信息熵越大，信息越混乱，传递的信息越多。信息处理是一个减少信息熵的过程。

假设X是一个离散的随机变量，且它的取值范围为x1，x2，…，xn，每一种取到的概率分别为$P1$，$P2$，…，Pn，那么X的熵定义为：

$$H\left(X\right)=\sum_{i}P\left(\mathrm{x}_{i}\right)I\left(\mathrm{x}_{i}\right)=-\sum_{i}P\left(\mathrm{x}_{i}\right)\log_{2} \qquad (式5\text{-}1)$$

（3）条件熵

在决策树的切分里，事件 xi 可以认为是在样本中出现某个标签 / 决策。于是 P（xi）可以用所有样本中某个标签出现的频率代替。求熵是为了决定进行切分采用的维度，因此有一个新的概念条件熵：

$$H(X|Y)=\sum_{y\in Y}P(y)H(X|Y=y) \qquad \text{（式 5–2）}$$

式 5–2 中，Y 是用某个维度进行切分，y 是切成的某个子集合，于是 $H(X|Y=y)$ 就是这个子集的熵。因此，可以认为条件熵是每个子集合熵的一个加权平均 / 期望。

（4）信息增益

信息熵代表不确定性的大小，不确定性越大，熵值越小。在使用某个特征分类数据集后，数据集的信息熵减小，分类后与分类前信息熵的差值即为信息增益。信息增益衡量了特征 A 对降低数据集合 X 熵的贡献程度，表示特征 A 影响分类结果的大小。一个特征的信息增益值越大，越适合用该特征对目标数据集分类。

有了信息熵的定义后，信息增益的概念便很好理解了，表示为分类前后数据集信息熵的差值。我们假设 a 为一个离散特征，它有 V 个可能的取值 a_1，a_2，…，a_V，用其对数据集 D 分类会产生 V 个分支结点，记第 v 个分支结点中包含的样本集为 D^v。于是，可计算出特征 a 对样本集 D 进行划分所获得的信息增益为：

$$Gain(D，a)=H(D)-H(D|a)=H(D)-\sum_{v=1}^{V}\frac{|D^v|}{|D|} \qquad \text{（式 5–3）}$$

使用特征 a 对数据集 D 分类所得到的信息增益即为分类后各个分支信息

熵的加总。由于每个分支点中的样本数量不同，在计算时需要乘上对应权重 $\frac{|D^v|}{|D|}$，即根据样本数量反映分支点影响的重要性。

（5）ID3 算法流程

输入：数据集 D，特征集 A；输出：ID3 决策树。

①对当前样本集合计算出所有属性信息的信息增益。

②设置信息增益最大的属性为测试属性，将测试属性相同的样本划分为同一个子样本。

③如果子样本集仅包含一个类别属性，则分支为叶子结点，属性值由相应的符号确定并标记，然后返回到调用位置，否则用该算法对子样本递归。

2. 基于 C4.5 算法的分类决策树

Ross Quinlan 在 ID3 算法的基础上改进得到决策树分类的 C4.5 算法。C4.5 在拥有 ID3 优点的同时，分类的准确率得到提升，且规则更易理解。但 C4.5 仍然存在算法效率低的缺点，仅能局限地用于能够留存在内存的数据集。

①用信息增益率选择属性，克服了 ID3 算法选择属性时偏向选择取值多的不足。

②在决策树的构造过程中进行剪枝，不考虑某些具有很好元素的结点。

③能够完成对联系属性的离散化处理。

④能够对不完整数据进行处理。

3. 基于分类和回归树（CART）的决策划分

数据挖掘中决策树主要分为两类：分类树和回归树。分类树得到的结果是样本的类别，回归树的结果为一个实数。Breiman 等人最早结合两类决策树，提出了分类和回归树，即 CART，本质也是一类决策树。

（1）CART 的算法包括决策树生成和决策树剪枝

①决策树生成：基于训练数据集生成决策树，生成的决策树要尽量大。

②决策树剪枝：用验证数据集对已生成的树进行剪枝并选择最优子树，剪枝的标准为最小化损失函数。

（2）CART 算法的特点

CART 算法既可以用于创建分类树，也可以用于创建回归树。CART 算法的重要特点包含以下 3 个方面。

①二分：样本在每个判断过程中被二分。CART 算法通过二分递归，将当前的样本分成两个子样本，使每个生成的非叶子结点都有两个分支。因此，CART 算法生成的决策树是一个结构简单的二叉树。由于二叉树的决策值只有“是”与“否”两个选择，即使某个特征属性有多个取值，数据也分为两部分。

②单变量分割：每次最优划分都是针对单个变量。

③剪枝策略：CART 算法的关键点，也是整个 Tree-Based 算法的关键步骤。剪枝过程非常重要，其重要性甚至大于建立和生成树的过程，对于优化决策树起着重要的作用。根据不同划分标准生成的最大树，其最重要的特征属性可在剪枝后保留，而最优树的生成依赖于剪枝方法。

（3）基尼指数

CART 树生成就是递归的构建二叉决策树的过程，对回归使用平方误差最小化准则，对于分类树使用基尼指数（Gini Index）准则，进行特征选择，生成二叉树。

基尼指数与信息熵的概念是一致的，都是描述混乱的程度。基尼指数 Gini（D）表示的是集合 D 的不确定性，基尼指数 Gini（D，A）表示数据集 D 经过特征 A 划分以后集合 D 的不确定性，基尼指数越大说明集合的不确定性就越大，所以思想基本上和信息熵的概念是一致的。

（4）决策树的优点

①学习简单的决策规则以及建立过程易于理解和可视化。

②应用范围广，可用于回归和分类，特别是多类别分类。

③能够处理数值和连续样本特征。

（5）决策树的缺点

①训练数据容易产生复杂的树结构，导致过度拟合。剪枝减轻过拟合的负面影响。常见的方法是限制树的高度和叶子结点中的最小样本数。

②学习最优决策树被认为是一个 NP-Complete 问题。在实践中，决策树是基于启发式贪婪算法建立的，但该算法不能保证建立全局最优的决策树。

二、LightGBM 机器学习模型

LightGBM 是一种基于 GBDT 的提升方法，而 GBDT 属于集成学习中的 Boosting 算法。Gradient Boosting（GB）是一种 Boosting 的方法，主要思想是每一次建立迭代模型都是在之前模型损失函数的梯度下降方向进行优化，假设分步模型下，当前模型是 f（x），利用损失函数 L 的负梯度在 f（x）下的值作为 Boosting Tree 算法中的残差（Residual），拟合一个决策树，得到需要新加入的模型。因此，GB 的每一次计算都是为了减少上一次学习器的残差，从而在残差减少梯度方向上建立新的模型，GB 在选择最优模型的时候，不是直接迭代计算，而是计算残差函数，然后对残差进行拟合。

LightGBM 与 GBDT 一样，是由很多 CART 集成的。

（一）目标函数的设定

首先，建模目标是建立 K 个分类树，使树群的预测值尽量接近真实值（准确率），而且有尽量大的泛化能力，是一个泛函多目标最优化，目标函数由训练损失和正则化项两部分组成，目标函数定义如下。

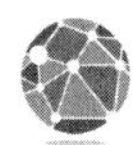

$$L(\varphi)=\sum_{i} l\left(\hat{y}_{i}-y_{i}\right)+\sum_{k} \Omega\left(f_{k}\right) 99 \quad \text{（式 5-4）}$$

式 5-4 中，i 表示第 i 个样本，$\hat{y}_i$ 代表第 i 个样本 x_i 的预测值，$\hat{y}_{i}=\sum_{k=1}^{K} f_{k}\left(x_{i}\right)$，$f_k \in F$，所以 $l\left(\hat{y}_{i}-y_{i}\right)$ 表示的是第 i 个样本的预测误差。k 表示集成的决策树的数量，对全部 k 棵树的复杂度进行求和，$\sum_{k} \Omega\left(f_{k}\right)$ 表示集成模型的复杂度，添加到目标函数中作为正则化项，值越小复杂度越低，泛化能力越强，公式如下。

$$\Omega(f)=\gamma T+\frac{1}{2} \lambda\|\omega\|^{2} \quad \text{（式 5-5）}$$

式 5-5 中，T 表示叶子结点的个数，ω 表示结点的类别。

目标要求预测误差尽量小，叶子结点尽量少，结点数值尽量不极端。决策要依照当前目标最优化决定，把预测值代入样本的 label 数值，此时损失函数（Loss Function）变为如下公式。

$$L(\varphi)=\sum_{i} l\left(\omega-y_{i}\right)+\gamma+\frac{1}{2} \lambda\|\omega\|^{2} \quad \text{（式 5-6）}$$

这里的 $l\left(\omega-y_{i}\right)$ 误差表示平方误差，所以上述函数是一个关于 ω 的二次函数求最小值，最小值就是该结点的预测值，最小函数为最小损失函数。

（二）学习第 t 棵树

假设我们第 t 次迭代要训练的树模型是 ft（ ），则有如下公式。

$$\hat{y}_{i}^{(t)}=\sum_{k=1}^{t} f_{k}\left(x_{i}\right)=\hat{y}_{i}^{(t-1)}+f_{k}\left(x_{i}\right) \quad \text{（式 5-7）}$$

式中，$\hat{y}_{i}^{(t)}$ 为第 t 次迭代后样本 i 的预测结果，$\hat{y}_{i}^{(t-1)}$ 为前 t-1 棵树的预测结

果，$f_k(x_i)$为第t棵树的函数。

将式5–7代入目标函数$L(\varphi)$，可以得到如下公式。

$$\begin{aligned} L(\varphi)^{(t)} &= \sum_{i=1}^{n} l\left(y_i, \ \hat{y}_i^{(t)}\right) + \sum_{k=1}^{t} \Omega(f_k) \\ &= \sum_{i=1}^{n} l\left(y_i, \ \hat{y}_i^{(t-1)} + f_t(x_i)\right) + \Omega(f_t) + \text{constant} \end{aligned} \quad \text{（式 5–8）}$$

式5–8中只有一个变量，即第t棵树：$f_t(x_i)$，其余的都是已知量或可通过已知量计算出来的变量。其中，$\sum_{k=1}^{t}\Omega(f_k)=\Omega(f_t)+\sum_{k=1}^{t-1}\Omega(f_k)=\Omega(f_t)+\text{constant}$，$\Omega(f_t)$为第t棵树的结构复杂度，$\sum_{k=1}^{t-1}\Omega(f_k)$为前t–1棵树的结构复杂度。

（三）泰勒公式展开

泰勒公式是用函数在某点的信息描述其附近取值的公式，即将一个在$x=x_0$处具有n阶导数的函数f（x）利用关于（$x-x_0$）的n次多项式来近似函数的方法。

泰勒公式的基本形式如下。

$$f(x) = \sum_{n=0}^{\infty} \frac{f^{(n)}(x_0)}{n!}(x - x_0)^n \quad \text{（式 5–9）}$$

二阶泰勒展开式如下。

$$f(x + \Delta x) \approx f(x_0) + f'(x_0)(x - x_0) + \frac{1}{2} f''(x_0)(x - x_0)^2 \quad \text{（式 5–10）}$$

把泰勒公式运用到当前的问题上来，f（x）对应我们的目标损失函数$L(\varphi)$，x对应前t–1棵树的预测值，Δx对应于我们正在训练的第t棵树。

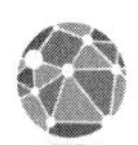

首先，定义损失函数 $L(\varphi)$ 关于 $\hat{y}_i^{(t-1)}$ 的一阶偏导数和二阶偏导数，公式如下。

$$g_i = \partial_{\hat{y}^{(t-1)}} l\left(y_i,\ \hat{y}^{(t-1)}\right) \quad h_i = \partial^2_{\hat{y}^{(t-1)}} l\left(y_i \quad \hat{y}^{(t-1)}\right) \tag{式 5-11}$$

根据泰勒公式的二阶展开式，损失函数可以转化为下式。

$$l\left[y_i,\ \hat{y}_i^{(t-1)} + f_t(x_i)\right] = l\left(y_i \quad \hat{y}_i^{(t-1)}\right) + g_i f_t(x_i) + \frac{1}{2} h_i f_t^2(x_i) \tag{式 5-12}$$

将上述二阶展开式代入目标函数以 $L(\varphi)$ 中，可以得到 $L(\varphi)$ 的近似值，公式如下。

$$L(\varphi)^{(t)} \approx \sum_{i=1}^{n}\left[l\left(y_i,\ \hat{y}_i^{(t-1)}\right) + g_i f_t(x_i) + \frac{1}{2} h_i f_t^2(x_i)\right] + \Omega(f_t) + \text{constant} \tag{式 5-13}$$

去掉常数项，得到目标函数，公式如下。

$$L(\varphi)^{(t)} \approx \sum_{i=1}^{n}\left[l\left(y_i,\ \hat{y}_i^{(t-1)}\right) + g_i f_t(x_i) + \frac{1}{2} h_i f_t^2(x_i)\right] + \Omega(f_t) \tag{式 5-14}$$

式中，$g_i = \partial_{\hat{y}^{(t-1)}} l\left(y_i,\ \hat{y}^{(t-1)}\right) \quad h_i = \partial^2_{\hat{y}^{(t-1)}} l\left(y_i \quad \hat{y}^{(t-1)}\right)$。

（四）定义下一棵树

当一棵树分类完毕后，我们需要重新定义一棵新树，定义树包括两个部分：一是叶子结点的权重向量 ω，二是叶子结点的映射关系 q。

一棵树的表达形式定义如下。

$$f_t(x) = \omega_{q(x)}, \omega \in R^T, q: R^d \to \{1,2,\cdots,T\} \tag{式 5-15}$$

式中，ω 是长度为 T 的一维向量，代表树 q 各叶子结点的权重，q 代表一棵树的结构，作用是将输入 $x_i \in R^d$ 映射到某个叶子结点，假设这棵树有 T 个叶子结点。

定义树的复杂度 Ω 由两部分组成：一是叶子结点的数量 T，二是叶子结点权重向量的 L2 范数。

$$\Omega(f) = \gamma T + \frac{1}{2}\lambda\sum_{j=1}^{T}\omega_j^2 \quad （式 5–16）$$

我们将属于第 i 个叶子结点的所有样本 x_i 划入一个叶子结点样本集中，数学公式表示如下。

$$I_j = \{i \mid q(x_i) = j\} \quad （式 5–17）$$

根据以上推导，目标函数如下。

$$\begin{aligned} L(\varphi)^{(t)} &\approx \sum_{i=1}^{n}\left[g_i f_t(x_i) + \frac{1}{2}h_i f_t^2(x_i)\right] + \Omega(f_t) \\ &= \sum_{i=1}^{n}\left[g_i \omega_q(x_i) + \frac{1}{2}h_i \omega_q^2(x_i)\right] + \gamma T + \frac{1}{2}\lambda\sum_{j=1}^{T}\omega_j^2 \\ &= \sum_{j=1}^{T}\left[\left(\sum\nolimits_{i\in I} g_i\right)\omega_j + \frac{1}{2}\left(\sum\nolimits_{i\in I} h_i + \lambda\right)\omega_j^2\right] + \gamma T \end{aligned} \quad （式 5–18）$$

$\sum_{j=1}^{T}(\ )$ 表示将所有训练样本按叶子结点进行了分组。

进一步简化上式，我们进行如下定义。

$$G_j = \sum\nolimits_{i\in I_j} g_i，\ H_j = \sum\nolimits_{i\in I_j} h_i \quad （式 5–19）$$

式 5–19 中，G_j 为叶子结点 j 所包含样本的一阶偏导数累加之和，是一个常量；H_j 为叶子结点 j 所包含样本的二阶偏导数累加之和，也是一个常量。

将 G_j 和 H_j 代入目标函数，得到我们最终的目标函数如下。

$$\begin{aligned}L(\varphi)^{(t)} &= \sum_{j=1}^{T}\left[\left(\sum\nolimits_{i\in I_j} g_i\right)\omega_j + \frac{1}{2}\left(\sum\nolimits_{i\in I_j} h_i + \lambda\right)\omega_j^2\right] + \gamma T \\ &= \sum_{j=1}^{T}\left[G_i\omega_j + \frac{1}{2}\left(H_i + \lambda\right)\omega_j^2\right] + \gamma T\end{aligned} \quad \text{（式 5–20）}$$

此时式 5–20 的变量只剩下第 t 棵树的权重向量 ω。对于每个叶子结点 j，可以将其从目标函数中拆解出来，即 $G_i\omega_j + \frac{1}{2}\left(H_i + \lambda\right)\omega_j^2$，而该式是一个只包含单一变量的一元二次函数，所以叶子结点权重 ω_j 的极值为：$\omega_j^* = -\frac{G_i}{H_i + \lambda}$，而最优目标函数如下。

$$L(\varphi) = -\frac{1}{2}\sum_{j=1}^{T}\frac{G_j^2}{H_i + \lambda} + \gamma T \quad \text{（式 5–21）}$$

表示第 t 棵树的最小损失函数是由训练损失和正则化函数两个部分组成。

（五）分裂一个结点

接下来要选下一个特征分裂成两个结点，需要做到以下内容。

一是确定分裂用的特征。

二是确立分裂结点以及最小的损失函数。当系统不断重复上述过程，枚举完毕，将找到一个效果最好的特征作为下一个分裂结点。

从树深为 0 时开始，对树中的每个叶子结点尝试进行分裂；每次分裂后，原来的一个叶子结点继续分裂为左、右两个子叶子结点，原叶子结点中的样本集将根据该结点的判断规则分散到左、右两个叶子结点中。每次结点分裂，损失函数只被这一个结点的样本影响，因而每次分裂，计算分裂的增益只需要关注分裂的结点样本，推导公式如下。

$$
\begin{aligned}
\text{Gain} &= L(\varphi)_{L+R} - \left[L(\varphi)_L + L(\varphi)_R\right] \\
&= \left[-\frac{1}{2}\frac{(G_L+G_R)}{H_L+H_R+\lambda}+\gamma\right] - \left[-\frac{1}{2}\frac{G_L^2}{H_L+\lambda}+\frac{G_R^2}{H_R+\lambda}+2\gamma\right] \\
&= \frac{1}{2}\left[\frac{G_L^2}{H_L+\lambda}+\frac{G_R^2}{H_R+\lambda}-\frac{(G_L+G_R)^2}{H_L+H_R+\lambda}\right]-\gamma
\end{aligned}
\quad （式 5–22）
$$

如果增益 Gain ＞ 0，即分裂为两个叶子结点后，目标函数下降了，如此往复继续分裂，按照上述方式形成树，每次在上一次预测的基础上取最优进一步分裂 / 建树。在一个结点分裂时，可能有很多个分裂点，每个分裂点都会产生一个增益，这就需要寻找最优分裂点。寻找最优的分裂点的一般步骤如下。

一是遍历每个结点的每个特征。

二是对每个特征，按特征值大小对特征值进行排序。

三是线性扫描，找出每个特征的最佳分裂特征值。

四是在所有特征中找出最好的分裂点（分裂后增益最大的特征及特征值）。

但当数据量过大导致内存无法一次载入或者在分布式情况下，这种全局扫描法的效率就会变得很低。Ke 等（2017）提出的 LightGBM 模型，是一种基于 GBDT 的提升方法，主要解决的就是计算效率问题，证明了在模型精度和 GBDT 差不多的情况下，LightGBM 训练速度比它快 20 倍，在提高运算速度的同时，还能保证模型的精度，这是 LightGBM 最大的优点。

第六章　跨境资本流动监管科技探索

第一节　基于大数据的外汇市场风险监测预警

前述研究在分析讨论跨境资本流动宏观审慎管理必要性的基础上，指出跨境资本流动宏观审慎管理的难点在于跨境资本流动冲击能不能被提前识别，有没有前瞻性指标和科学的方法帮助提升对跨境资本流动风险的识别能力和识别效率。是否能够通过对前瞻性指标的监测实现对跨境资本流动风险的预判，实现宏观层面的跨境资本流动管理，使跨境资本流动宏观审慎管理真正落地。本章的研究将结合金融科技领域大数据和机器学习方法的发展，探索跨境资本流动宏观审慎监管科技的应用和落地。这也是本研究非常重要和富有创新的部分。

本章的研究目的是开发基于人工智能的监管科技体系，当前可获得的资料显示，包括美联储在内的世界重要监管机构依旧采用基于传统计量模型的监测和预测系统。同时，为服务外汇管理部门宏观审慎需要，本研究监测目标是跨境资本流动风险，但该科技监管系统可适用于其他监管机构的不同监管目标，可能开创我国金融领域科技监管的先河。更进一步，如“一行两会一局”同步使用基于相同大数据库的监管科技体系，则可能带来我国监管体系的变革。

本章针对金融科技发展和金融业对外开放新形势，力求解决长期困扰各国货币当局的资本管制低效率和金融开放高风险问题，立足中国，探索人工智能（集成学习方法——LightGBM 模型）在货币危机管控中的运用，避免简单粗暴的微观个体管制，通过分析近 7 万个国内外宏观经济金融变量的大数据库，实现了对我国 2007 年 1 月至 2018 年 12 月的月度外汇市场压力（货币危机）、短期跨境资本流出和银行外汇供求缺口三个维度的外汇市场风险事件的预测，构建人工智能监管新框架。本章的基本结论如下。

一是基于大数据的机器学习模型能够成功预测不同量价层面的“热钱”流动风险，模型预测准确率高达 85%～95%。

二是金融市场波动因素对预测货币危机事件更具有决定性。

三是通过人工智能预测系统，发现主要宏观指标具有货币危机前瞻性影响因素特征，由此奠定跨境资本流动的宏观审慎管理基础。

一、跨境资本流动风险监测研究背景

（一）“热钱”和货币危机引发的争议

在金融全球化带来更高效率资源配置的同时，“热钱”流动和周期性货币危机始终是一些经济体挥之不去的梦魇。根据丁志杰等人（2019）的研究，按照 Frankel 和 Rose（1996）以及 Reinhart 和 Rogoff（2009）的货币危机标准，以某国货币在一个年度持续贬值 15%以上为临界点，全球 60 个经济体在 1980 — 1999 年共发生 223 次货币危机，2000 — 2018 年累计发生 167 次货币危机；如果在货币贬值因素上叠加当年度或下一年度 GDP 下降幅度超过 50%，则 2000 — 2018 年累计有 45 个经济体发生 83 次货币危机。由此可见，对于货币危机的担忧和外汇市场、股票市场、债券市场、信贷市场和房地产

市场的风险共振，是金融全球化背景下各国货币当局和金融管理部门的主要难题，也是学术界持续争论的焦点。一方面，理论界对金融业开放存在积极共识，跨境资金的流动为一国经济金融增添活力、引进先进技术和管理理念、拓宽企业融资渠道，推动了经济增长和全球平衡发展。另一方面，大量的研究更加关注跨境资本大幅波动、流动方向逆转和投机资本攻击的风险，从实证上提出了“热钱”冲击是造成相关新兴经济体和发展中国家的经济金融稳定遭受严重冲击、触发系统性风险乃至陷入长期经济衰退的罪魁祸首的结论。在我国，余永定（2015）鲜明地提出“固定汇率制度、资本自由流动和国际收支逆差是金融危机的充要条件，资本外逃是压垮骆驼的最后一根稻草。中国的体制性、结构性问题不能通过资本项目自由化，或通过‘倒逼机制’来解决”。针对上述争议，摆在我们面前的问题是，能否同时实现金融业开放和资本自由流动带来的资源配置、体制创新优势以及在最大程度上避免货币危机冲击，这需要发展监管科技，丰富宏观审慎工具箱。

（二）宏观审慎管理悖论：在“热钱”流动领域有待实践创新的理论假说

长期以来，认识和防范系统性金融风险始终牵动经济学家的视角和想象力，宏观审慎管理理念在国际金融危机前后成为各国致力于货币和金融稳定的重要努力方向。尽管在识别和防控房地产金融危机、金融体系流动性危机、系统重要性金融机构周期行为等方面的政策框架和工具箱安排上取得了积极进展，但这一研究方向在跨境资本流动和货币危机领域仍然处于摸索阶段，很难说已经存在理论和实践共识。主要困境存在于两个方面：第一，在“热钱”流动和货币危机的识别上，基本仍处于传统的宏观经济学研究范畴——经济基本面、国际收支对跨境资本流动和汇率的相关关系论证依然是低频的、稳定的，这就抹杀了现实金融市场波动的高频性和冲击性，无法区分货币政策与宏观审慎管理在外汇市场上的身份和功能差别。第二，在跨境风险传染和管理工具上，基本仍然处于要么完全自由开放，要么实施严格资本管制的“两点分布”式极端考虑。在完全开放背景下，宏观审慎管理找不到自身应有的地位，仍然局限于以货币政策工具（包括窗口指导）调节“热钱”流动的传统方式，例如1997年亚洲金融危机期间中国香港的货币金融管理实践；在严格资本管制背景下，宏观审慎管理实际上是多年沿用至今的“托宾税”、资本与金融账户有限开放甚至恢复管控等手段，例如2016年以来拉美经济体的操作。因此，在针对货币危机的宏观审慎管理领域，始终存在一个悖论——如果仅仅是赋予货币政策诸目标之外的一个新目标，或者仅仅是赋予资本管制以新名义，则“宏观审慎管理”无论是在理论上还是实践上既无存在必要，也无操作空间。这一悖论正是当前各国中央银行和外汇管理当局在处理诸如资产价格泡沫化、货币市场与资本市场联动关系、本外币协调与稳定、金融机构体系稳定与货币稳定等一系列现实问题中面临的理论和政策困境。

（三）人工智能和监管科技框架：可能的突破口

21世纪以来高发频发的货币危机告诉我们，现代金融管理框架还远不能适应危机预警和识别的需要。货币危机对经济的严重冲击告诉我们，宏观货币政策与微观资本管制并不能完全有效管控损失。那么，近年来提出的宏观审慎管理是否至少在“热钱”流动与货币危机面前无有效作为？宏观审慎管理手段是否退化为已经被证明为效果不彰的资本管制手段？这是本章立论的出发点，也是试图努力解决的基本问题。

恰在此时，我们发现了金融科技（Fin Tech）的迅猛发展，也发现了金融市场对监管科技（Reg Tech）的现实需求。能否通过宏观别以预警货币危机，以免坠入微观管制陷阱；能否通过“治未病”以实现宏观审慎目标，以免持久性地形成对资本与金融账户开放的恐惧症，是人工智能时代赋予我们的一种全新的可能性和新挑战。在此领域的开创性研究已经就大数据时代的金融

风险及其影响以及管理措施进行详细的论述和思考，但是在理念具备的前提下，罕有研究或监管机构应用大数据以及人工智能解决现实中系统性金融风险识别、监控和管理的有效实践性设计。本章的研究任务即在于，从对当前宏观审慎管理理念和监管困境出发，借鉴金融科技发展为金融监管变革带来的新路径、新方法，探索完善跨境资本流动宏观审慎管理的可行路径，提出运用人工智能的有效宏观审慎管理方案，通过数据挖掘找出影响跨境资本流动和汇率异常波动的先行指标，从而实现以宏观手段预调、微调防控货币危机等外汇市场风险的科学化管理工具箱。

二、金融领域科技监管的方法论基础

（一）金融和监管的技术迭代：快速发展的人工智能

随着金融科技概念在全球范围内迅速兴起，信息技术与金融服务的融合带来了全新的发展机遇与挑战。

一是摆脱主观认识差别。事实胜于雄辩——几乎所有的理论和政策分歧往往是基于对事实的主观臆测和对影响因素的人为夸张和忽略上。因此，以机器学习方法为主流的人工智能在实时预测、复杂因素的相互关联上具有决定性的应用价值：我们并不争论是什么因素导致货币危机等外汇市场风险事件，但我们观察到了哪一个或哪些因素事实上引发了货币危机。在这一领域，美国国家经济研究局（NBER）商业周期分析先驱Burns和Mitchell（1946）的“无监督分类”方法具有开创性，奠定了模式识别和机器学习的理论基础。基于“我知道会发生问题”，而不是“为什么会发生问题”的方法论，人工智能在经济金融中具有极其广泛的运用前景：Nymam 和 Ormerd（2017）使用美国经济金融数据证明了随机森林的机器学习技术能够对经济衰退提供早期预警；Athey（2018）对机器学习在经济学上的早期贡献进行了系统评估，指出机器学习技术在利用大数据、明确选择函数形式方面具有巨大的优势，机器学习算法的主要优点包括准确筛选预测变量、提高预测准确性，达到系统全面描述模型选择和预测经济金融变动和趋势的过程。

二是摆脱统计和计量经济学存在的两类错误：存伪和去真。传统统计分析模型的应用受限严重，具体内容如下。

其一，模型可考虑的自变量数目有限。

其二，通常仅限于因变量和自变量之间的线性对应关系。

其三，主观假定因变量和自变量之间的因果关系。其可以监督机器学习模型不需要提前设定变量之间的关系，通过学习特征与标签值之间的对应关系，具有举一反三地构建出一个最优模型的能力；可以根据数据本身选择更灵活的函数形式，从而避免过度拟合的问题，并兼备较高的样本外预测能力，有效捕捉特征变量和目标值之间的非线性关系，因而具有良好的预测能力和稳定性。

三是摆脱数据不足和数据碎片化影响。大数据是人工智能的基础。有数据和有效使用数据是两个层次的概念。尽管实时监测宏观经济状况已成为各国央行、政府机构和企业界经济学家的重点工作，但从庞大而复杂的数据中筛选有效信息仍是政府、企业和学术界持续面临的主要挑战。数据的有效利用是实现有效分析经济金融状况的基础。从货币危机和外汇市场风险角度看，各国的经济金融数据提供了关于资金跨境流动的庞大的、碎片化的、种类繁多的信息，但如何处理各种不同维度的数据，以形成准确判断和有效的管理建议始终是一个难题。从技术意义上看，Bok 等人（2018）认为必须监测多维度变量，这样不仅能够有效利用不同的抽样频率和发布宏观经济数据的时间差异，而且能减轻对特殊波动和测量误差的风险，以提高评估经济健康状况的及时性和准确性。机器学习技术不受变量分布假设约束，可以匹配不同类型、

不同来源的历史截面数据，组合成更加完整并且更多维度的数据集，以便更准确地分析待解决问题。此外，机器学习技术在信息识别、推荐引擎等领域都取得了出色的应用效果。

（二）理论逻辑：构建跨境资本流动大数据库的出发点

人工智能的引领者依然是人，数据库的构建者也是人。从构建数据库这一基础性工作出发，“什么样的数据可以入库”始终得依靠人脑进行决策。因此，我们无意神化人工智能，出发点还是依靠人工智能实现监督者、管理者有限的时间、精力和判断力的延伸。无论是长期资本配置还是“热钱”，无论是外商直接投资还是跨境股票债券持有，跨境资本流动的本质是社会经济主体跨国资产配置行为的综合反映，因而受国内外经济金融环境、地缘政治、市场情绪和其他心理及行为等复杂因素的冲击和塑造，很难用有限的几个因素变量捕捉和预测，这就要求决策者从可获得数据的广度和深度上对影响跨境资本流动的因素进行挖掘和特征构建，依据逻辑构建大数据库。

长期以来，国际经济学界对跨境资本流动的驱动因素进行了广泛探讨。针对20世纪90年代初拉美国家经历的大规模国际资本流入，Calvo等人（1993）讨论了一国外部因素对国际资本流入的推动作用。Fernandez-Arias和Montiel（1996）进一步考察了国内因素的拉动作用，提出国际资本流动决定因素的“推动—拉动”分析框架。此后，这一分析框架也被大量探讨跨境资本流动影响因素的研究所采纳，并给出了丰富的实证证据。例如，内部拉动因素包括国内利率水平、国内经济基本面、国内资产价格、国内制度因素等。利率平价理论从汇率与利率互动传导视角为跨境资本流动分析提供了重要的理论基础。在两国利率存在差异的情况下，国际资本将从低利率国家流向高利率国家以获取利差收益，这一理论也成为后续大量研究分析跨境资本流动的基础理论。外部推动因素包括美元利率、全球利率、发达经济体增速、全球流动性、外部经济基本面、外部资产价格、全球风险因素等。Calvo（1993）和 Chuhan 等人（1998）均强调了美国利率和美国经济周期对新兴市场国家国际资本流动的重要作用。Fratzscher（2012）认为，在 2007 — 2008 年的国际金融危机中，全球流动性变化显著改变了国际资本流动的方向和规模。

作为长期从事货币政策和跨境资本流动的研究者，我们的直观感受是：预测与管理一国境内金融风险和流动性危机需要考虑 N 维经济金融变量，预测跨境金融风险和货币危机则需要考虑 M 个 N 维变量。这是因为资本流动同时需要考虑 M 个经济体的经济金融情况。因此，研究国际宏观经济学和金融市场的难度是超乎想象的。

（三）目标：跨境资本流动风险和货币危机的测度

准确测度跨境资本流动风险和货币危机诱发点是国内外研究的重点。国际资本由于流动性高、规模大、对利率和汇率等因素高度敏感等特点，可能因外部投融资环境的变化而快速流动，对一国经济金融稳定造成严重冲击。已有文献通常从规模和持续性的角度将国际资本异常流动界定为突发性的极端国际资本流动。一些研究认为，国际资本流入“激增”显著增加了随后发生“突然中断”的概率。Forbes 和 Warnock（2012）使用国际收支平衡表中资本总流动数据，将跨境资本流入 / 流出区分为“激增”“中断”“外逃”和“回流”四类，以此衡量跨境资本流动风险。

虽然国际收支平衡表统计的资本流动数据被广泛运用，但数据样本过于有限，甚至不能有效支持模型测算。为了提高数据频率，更及时捕捉跨境资本流动的变动，很多研究致力于在从更多维度刻画跨境资本流动的前提下测算月度风险。Eichengreen 等人（1996）提出外汇市场压力指数的概念，即通过汇率、利率和外汇储备变动的加权平均衡量外汇市场承受压力和可能发生货币危机的风险。其理论依据是一国政府需要通过利率和外汇储备应对汇率

贬值风险，从而应对可能出现的货币危机。从银行跨境收支和结售汇差额情况来看，外汇市场压力体现在外汇供求缺口方面。银行部门是跨境资本出入的关键主体，银行部门境外外汇资产头寸、代客跨境收支、自身结售汇以及经常项下和资本项下负债方支出等项目，都在一定程度上反映了外汇供求缺口。另一个维度是短期跨境资本流动的测度，短期国际资本流动被普遍认为波动性较强、流动规模变化较大、流动方向容易逆转，对一国实体经济与金融市场可能造成显著的负面冲击。月度短期跨境资本流动冲击主要考虑外汇占款变动、贸易顺差和实际使用外商直接投资（FDI）等因素共同作用的结果。在汲取上述研究有益论断的基础上，为全面刻画跨境资本流动风险和货币危机隐患，我们将综合考虑三个层面的指标衡量外汇市场价格和流量变动，包括因利率、汇率和储备变动引发的外汇市场压力指数（即货币危机指数），银行部门外汇供求缺口，以及波动性强、规模变化大的短期跨境资本流动作为外汇市场风险监测对象。

三、人工智能危机预警识别系统设计

（一）跨境资本流动和货币危机人工智能预警识别系统的基本目标设定

本研究设计并运用的跨境资本流动和货币危机人工智能预警识别系统通过对海量数据信息进行有效组织和预处理，深度挖掘出与跨境资本流动风险评估相关的指标，构建区分能力较强、稳定性较好且具有较好解释性的机器学习模型——集成学习方法（LightGBM 模型）对外汇市场风险事件和货币危机进行预测，旨在为我国跨境资本流动宏观审慎管理提供公开透明的逆周期管理方法，提升对跨境资本流动风险的研判能力，从而提高跨境资本流动风险监管效率。

这一系统的操作目标有以下 4 个方面的内容。

1. 构建跨境资本流动大数据画像

捕捉跨境资本流动规律，统筹市场周期性、市场主体行为特征、政府政策变动等对流动性和跨境资本流动的相关数据。

2. 全面测度外汇市场风险

本研究预测的外汇市场风险包括货币危机、短期跨境资本流出压力和外汇市场供求缺口，从价格、流量和供求三个方面全面刻画我国可能遭受的外汇市场风险冲击。

3. 开发动态实时监测策略并预测外汇市场风险

应用大数据支持的机器学习模型实现对下月度货币危机事件、短期跨境资本流出和银行外汇供求的分等级预测，实现对外汇市场风险实时监测和风险预警。应用集成分类器模型提高预测准确性和稳定性，是当前大数据金融风控领域较先进的大数据风控模型之一，并具备可直接落地的条件。

4. 提出有针对性的宏观审慎管理工具

通过机器学习模型筛选用于外汇市场风险预测的前瞻性宏观指标，针对这些指标进行前瞻性调节，降低对微观资本管制的依赖。

（二）系统构建与流程

1. 宏观大数据库构建

我们的出发点是优化宏观审慎管理，因此试图从宏观数据中挖掘货币危机潜在领先指标，以避免使用中央银行和外汇管理部门的微观、结构性数据，改变对资本管制和特定主体窗口指导的依赖。出于这一立场，本研究构建的大数据系统做了以下两项工作。

一是在总结国内外历史上关于跨境资本流动影响因素研究的基础上，创建包含国内宏观经济指标、国内金融市场波动、国际市场波动、中心国货币

政策变动、全球流动性供应等子项的跨境资本流动宏观数据库。本研究根据Fernandez-Arias 和 Montiel（1996）、Reinhart 和 Montiel（2001）、Forbes 和 Warnock（2012）的研究总结，把内部“拉动因素”确定为国内利率水平、国内经济基本面、国内资产价格、国内制度因素等；外部“推动因素”包括美元利率、全球流动性、外部经济基本面、外部资产价格、全球风险因素等。同时，我们的数据库还包含 Kaminsky 等人（1998）总结和提炼的一系列货币危机的前瞻性指标以及 Kumar 等人（2002）研究的新兴市场国家货币危机的决定因素。此外，根据一些文献对国际投资者风险偏好因素对跨境资本流动影响的研究，本系统纳入了市场恐慌指数（VIX）和其他可量化的风险偏好因素。综上所述，原始数据库包括 11 个维度近 1 000 个子项，具体大类见表 6-1。

表6-1　我国跨境资本流动影响因素

序号	类别	变量	频率	来源
1	中国宏观经济	GDP、CPI、PMI、PPI、工业增加值、固定资产投资完成额，社会零售品销售额等	月度、季度	国家统计局、商务部等
2	中国跨境交易与结算	外汇储备，外汇市场交易额、境内外资产互持、人民币结算额、QDII、QFII等	日度、月度、季度	国家外汇管理局、中国人民银行、中国证监会
3	汇率和利率	人民币即期、远期汇率，国债收益率，存贷款利率，SHIBOR，LIBOR，HIBOR 等	日度	中国人民银行、全国银行间同业拆借中心、Wind 等
4	中国股票市场	上证和深证（A股、主板、创业板）总市值、涨跌幅、成交量、市盈率、净资金买入等	日度	上海证券交易所、深圳证券交易所等

续表

序号	类别	变量	频率	来源
5	中国债券市场	上证国债、企业债指数（涨跌幅、交易量、最高价、最低价），深证企债、信用债指数，中债短期、长期，国债、企债、地方政府债指数等	日度	上海证券交易所，中债股指中心
6	证券市场互通机制	沪港通、深港通、港股通、沪股通，深股通、陆股通的买/卖成交额，资金流入/流出、结算汇兑比等	日度	香港交易所、上海证券交易所、深圳证券交易所等
7	中国货币投放和银行信贷	M1，M2，贷款余额，外汇资金来源、运用，人民币国际支付，人民币指数等	日度、月度、季度	中国人民银行、中国银行、SWIFT等
8	世界资本市场	MSCI亚太地区、新兴市场、发达市场、欧洲，美国、全球、USREIT指数等	日度	MSCI
9	美国市场数据	美国统计的原油、黄金，欧元、中国、新兴市场ETF波动率指数，标普500波动率指数（VDO，道琼斯工业平均、纳斯达克综合、标准普尔500指数，美元指数，国债收益率（1个月、3个月、1年，5年、30年），联邦基金利率等	日度	CBOE、美联储、Wind等
10	全球货币供应和利率水平	美国、日本、欧洲区、英国M2和10年期国债收益率	日度、月度	美联储、日本央行、欧洲央行、英格兰银行
11	全球主要国家房地产价格	美国标准普尔/CS房价指数、澳大利亚8大城市住宅平均价格、加拿大房地产价格指数，英国平均房价等	月度、季度	美国标准普尔，澳大利亚统计局，加拿大统计局，英国国家建筑协会

二是大数据处理和变量衍生。对海量数据信息进行有效组织、存储和预处理，这样才能从大数据信息中挖掘具有风险预测价值的指标。为了解决数据频率不统一、宏观变量稀疏性较强、单变量风险区分能力较弱等问题，本

研究根据 Bhattacharyya 等人（2011）的方法，在大数据原始变量的基础上生成衍生变量，用变量衍生的方法挖掘原始数据中隐含的周期性信息，合成可测量的统计指标，提高单变量的风险区分能力。具体方法如下。

（1）频率转换

对不同频率数据进行预处理，将年度、季度、月度和日度数据统一转化为月度数据集。

（2）变动测度

由于数据的单位不统一，例如量价指标、指数指标等，我们对数据进行了月度环比转化，从而实现无量纲化处理；同时对价格类变量进行了对数转化。

（3）时间窗口切片

用过去固定窗口对变量进行切分和统计指标计算，目的是捕捉变量的周期性变化。本系统计算了各个原始变量（月度）在每个当前时点的过去 1 个月、3 个月、6 个月、12 个月和 24 个月的时间窗口切片数据，计算的统计指标包括均值、最大值、最小值、标准差。例如，衍生的特征变量“中债国债到期收益率：3 个月 _B_std_pct_change_12m_mean”，代表的原始变量是日度的 3 个月期中国国债收益率，“std_pct_change_12m_mean”是对具体变量衍生的标注，其中“Std_pct_Change”代表计算该原始变量的月度波动率的当月环比变动，“12m_mean”代表该环比变动在过去 12 个月的均值。

（4）变量初筛

根据数据缺失程度对变量进行删除或保留处理。经上述变量衍生和特征工程处理，初步生成 73 039 个预测变量。

2. 系统训练和调参

机器学习本质上是计算机通过算法学习数据的计算过程，定义模型属性或者定义训练过程的参数，称为超参数。选择合适的超参数，不同模型会有不同的最优超参数组合。本系统使用贝叶斯优化（Bayesian Optimization）自动调参法，因为该方法比其他调参方法（例如网络搜索、随机搜索等）更快速准确。

3. 预测变量筛选

在机器学习分类模型中，一个特征变量被选择用来分类的次数越多，那么它就是在模型里较优的变量。具体来看，预测变量的重要性是由该预测变量在 LightGBM 中的各个子模型（子树）中不确定性的减少总量或被选入子模型进行分类的次数决定的，若特征变量（或预测变量）对减小分类的不确定性没有贡献，即该特征对区分样本类型没有指示性作用。

本系统针对特征重要性的计算，参照增益（Gain）的计算方法如下。

$$Gain=\frac{1}{2}\left[\frac{G_L^2}{H_L+\lambda}+\frac{G_R^2}{H_R+\lambda}-\frac{\left(G_L^2+G_R\right)^2}{H_L+H_R+\lambda}\right]-\gamma \quad （式 6–1）$$

式 6–1 中，L 和 R 代表的是左子树和右子树，所以 Gain 等于左子树的 $\frac{G_L^2}{H_L+\lambda}$，加上右子树的 $\frac{G_R^2}{H_R+\lambda}$，减去左子树加右子树的 $\frac{\left(G_L^2+G_R\right)^2}{H_L+H_R+\lambda}$，而 G_i 和 H_i 的表达式如下。

$$G_j=\sum\nolimits_{i\in I_j}g_i,\ H_j=\sum\nolimits_{i\in I_j}h_i \quad （式 6–2）$$

其中，g_i 和 h_i 表达式如下。

$$g_i=\partial_{y(t-1)}\iota\left(y_i,\ \hat{y}^{(t-1)}\right),h_i=\partial^2_{\hat{y}(t-1)}\iota\left(y_i\quad \hat{y}^{(t-1)}\right) \quad （式 6–3）$$

其中，$\iota\left(y_i,\ \hat{y}^{(t-1)}\right)=y_i\times\ln\left[p\left(y_i=1\right)\right]+\left(1-y_i\right)\times\ln\left[1-p\left(y_i=1\right)\right]$（式 6–4）

这里的 Gain 主要与目标函数 $Obj=-\frac{1}{2}\sum_{j=1}^{T}\frac{G_j^2}{H_j+\lambda}$ 挂钩，即最小化损失函数。那么，$\frac{G_j^2}{H_j+\lambda}$ 越大，Gain 就越大，即针对该结点来说，损失函数就更小，依此类推，每一个结点都进行相同操作直到第 T 个结点，从全局来说，$-\frac{1}{2}\sum_{j=1}^{T}\frac{G_j^2}{H_j+\lambda}$ 就更小。而模型复杂度 γ 应该越小越好，所以在 Gain 的计算公式中加上负号能得到更优化的树模型结构。

4. 风险预测系统的区分能力、稳定性和预测能力验证

系统能否运用于跨境资本流动和货币危机预测，取决于系统的区分能力、稳定性和预测能力。由此我们做了三层次验证。

一是区分能力验证——AUC。AUC 是 ROC 曲线下的面积，用来衡量模型对坏样本的区分度。假设 y = 1 表示坏样本（即压力期），y = 0 表示好样本（即正常期），则模型预测与实际情况如表 6-2 混淆矩阵所示。

表6-2　混淆矩阵

实际情况	预测结果	
	y=0，预测正常	y=1，预测压力
y=0，实际正常	正确预测正常（TP）	错误预测正常（FN）
y=1，实际异常	错误预测异常（FP）	正确预测异常（TN）

用表 6-2 中的正确预测正常（TP）、错误预测异常（FP）、正确预测异常（TN）和错误预测正常（FN）可以计算 FPR 和 TPR 指标，以构建 ROC 曲线。

二是稳定性验证——IV（Information Value）值。IV 值即信息价值指标，是风控模型中特征选择的常用指标。本系统使用 IV 值作为对模型筛选出的重要特征的稳定性检验。根据该特征反映的异常和正常样本的比率占总样本的比率，IV 值衡量了某个特征对目标的影响程度，以此对比和计算其关联程度。

计算公式如下。

$$IV = \sum\left[\Psi_{\mathrm{good(i)}} - \Psi_{\mathrm{bad(i)}}\right] \times \ln\left(\frac{\Psi_{\mathrm{good(i)}}}{\Psi_{\mathrm{bad(i)}}}\right) \quad （式 6–5）$$

三是预测能力验证——检验模型的预测能力需要测试训练好的模型对新数据的预测能力。本系统分别使用 K 折（K–fold）检验实现交叉验证，使用时间外样本检验（OTV）实现样本外验证。前者是根据大数定律测试模型的稳定性和预测能力，后者是直接测试模型预测新数据的能力。

5. 宏观审慎管理策略生成：风险预警等级

模型预测的结果需要转化成对应的风险等级才能方便理解和使用，因此我们建立了风险评分机制，将模型结果刻度化以形成风险等级，用于风险等级监控。具体来看，根据模型计算出的结果，即下个月的概率比值（Odds）后，建立评分结果（Score）和模型估算概率的线性相关关系。

$$\mathrm{Score} = \mathrm{A} + \mathrm{B} \times \log(\mathrm{Odds}) \quad （式 6–6）$$

其中，$Odds = \frac{P}{1-\mathrm{p}}$，p 为坏样本概率。建立联立方程组。

$$\begin{aligned} P_0 &= A + B \times \log(\theta_0) \\ P_0 - PDO &= A + B \times \log(2\theta_0) \end{aligned} \quad （式 6–7）$$

式 6–7 中，P_0 为基准分（设为 600），θ_0 为基准分对应的比率（1 ：60），*PDO* 表示比率提高两倍，分数提高 20 分。联立两个方程，即可求得常数 *A* 和 *B*，从而得出风险评分。

第二节　基于SHAP值的机器学习危机预测解释性源

本节通过破解机器学习模型的预测机制，深入理解货币危机、短期跨境资本流出和外汇短缺等危机事件的触发因素，为宏观层面的跨境资本流动宏观审慎管理提供参考和抓手。

一、基于 SHAP 值解释机器学习预测黑箱的原理

（一）SHAP 值解释机器模型预测机制的原理

近年来，可解释机器学习逐渐成为机器学习的重要研究方向，用来防止模型得出有偏解，并帮助决策者正确理解和使用机器学习模型。解释集成学习方法（如梯度增强机器学习和随机森林）的预测思路是抓住重要性较高的先行指标，从而获得模型在整体层面上哪些特征变量对目标变量（本章中指外汇市场风险事件）的预测最具重要性，从侧面体现模型的解释性。但在机器学习模型中，树的特征属性通常是启发式的，不是每个预测的个体性。普通的特征归因法和传统的重要性计算方法统计上存在不一致性，即当某个特征的真正影响实际增加时，会降低该特征的重要性。

为解决这个问题，华盛顿大学教授兰登伯格等学者在 2018 年国际机器学习会议中发表了关于破解机器学习“黑箱”的量化方法。根据合作博弈论和局部解释的思想，通过将树集成特征属性方法与可加性特征属性方法连接起来，最新提出应用 SHAP 值快速精确解决机器学习的解释性问题，是唯一且一致的局部准确的属性值，用来衡量特征变量的实际表现。同时，SHAP 值能

够捕捉特征变量间的交互效果并定义 SHAP 交互值，是一种丰富的个性化特征属性可视化方法，改进了传统的重要性计算体系。SHAP 值被证明能够改进聚类性能，从而更好地识别对目标变量有影响的特征。

具体来看，在合作博弈论的启发下 SHAP 构建了一个加性的解释模型，所有的特征都视为“贡献者”。对于每个预测样本，模型都产生一个预测值，SHAP 值就是该样本中每个特征所分配到的数值。假设第 i 个样本为 x_i，第 i 个样本的第 j 个特征为 x_{ij}，模型对该样本的预测值为 y_i，整个模型的基线（通常是所有样本的目标变量的均值）为 y_{base}，那么 SHAP 值服从以下等式。

$$y_i = y_{base} + f(x_{i1}) + f(x_{i2}) + \cdots + f(x_{ik}) \quad \text{（式 6-8）}$$

式 6-8 中，f（x_{ij}）为 x_{ij} 的 SHAP 值。直观上看，f（x_{i1}）就是第 i 个样本中第 1 个特征对最终预测值 y_i 的贡献值，f（x_{i1}）>0，说明该特征提升了预测值，有正向作用；反之，说明该特征使预测值降低，有反向作用。而传统特征变量重要性值只能反映哪个特征重要，并不能明确该特征是怎样影响预测结果的。SHAP 值最大的优势是 SHAP 能反映出每一个样本（即每一次外汇市场压力事件）中特征变量的影响力，而且还表现出影响的正负性。

（二）SHAP 值的计算原理

1. 合作博弈论原理

合作博弈论是指参与者以同盟或合作的方式进行的博弈，博弈中的每一个解决方案都模拟了博弈参与者自然推理的结果，而合作博弈论定义了一系列稳定的安排。具体来说，稳定性表示的是博弈的最终结果不受参与者的不同分组影响，即不会因为参与者分组不同而改变。合作博弈论与非合作博弈的主要区别在于，它关注的是一组参与者能够同时获得的收益，而不是单个

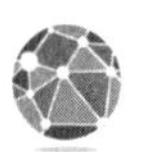

参与者的个人收益。合作博弈的核心是解决方案的概念，即使各个参与者在合作中达到收益最大化，从而得到最优合作的稳定结果。

定理 1：具有可转移收益的合作博弈应含有以下内容。

一是有限集 N（博弈者的集合）组成。

二是一个函数 v，它与 N 的每个非空子集 S 的一个实数 v（S）相关。

对于每个联盟 S，v（S）是 S 成员间可分割的总收益，即联盟 S 可以采取的联合行动集合包含 S 成员间 v（S）的所有可能分割。一般情况下，一个联盟所能获得的收益将取决于参与者所采取的行动。最适合的合作策略要满足的条件是，不属于 S 的参与者的行动不影响 v（S），即 v（S）是博弈者联盟 S 能够保证的独立于联盟 N 时 S 行为的最大收益。

定理 2：满足以下条件的具有可转移收益的合作博弈 <N，v>，是具有内聚性（Cohesive）的：在 N 个博弈者联盟中所有 $\{S_1,\cdots,S_K\}$，$v(N)\geqslant\sum_{k=1}^{K}v(S_k)$。

这是超加性条件的一个特殊情况，对于所有的博弈者联盟 S 和 T 都需要满足 $v(S\cup T)\geq v(S)+v(T)$，且 $S\cap T=\varphi$。

合作博弈的核心思想类似于非合作博弈中的纳什均衡，即如果没有改变是有利可图的，那么结果就是稳定的，在合作的情况下，如果没有一个联盟能够改变策略，并获得对所有成员都有利的结果，那么这个合作的结果就是稳定的。假设考虑所有参与者组成的联盟 /V 的博弈具有内聚性（定理 2），对于收益可转移的合作博弈，稳定性条件是任何联盟的收益都不能超过其成员当前收益的总和。

设 <N，v> 是一个具有可转移收益的合作博弈，对于每一个向量 $(x_i)_{i\in N}$ 和每一个博弈者联盟 S，存在 $x(S)=\sum_{i\in S}x_i$。向量 $(x_i)_{i\in S}$ 即是第 S 个向量的最优收益，当 $x(S)=v(S)$ 时，N 个最优收益即是最优收益组合。

2. SHAP 值的计算方法

SHAP 值起源于合作博弈论。在社会或经济活动中，两个或多个实体，如个人、公司、国家等，相互合作结成联盟或者利益集团，通常能得到比他们单独活动时获得更大的利益，产生 1+1>2 的效果，这种合作能够达成或者持续下去的前提是合作各方能够在合作的联盟中得到稳定的利益。这类问题称为 N 人合作对策。

Shapley 在 1953 年给出了解决该问题的一种方法，称为 Shapley 值法。具体来看，合作对策的一般模型，记为 N 个参与人的集合。若对于任何子集都有一个收益与之对应，在合作博弈论中对于子集的组成规则没有限制，这样可以找到多个解。所以，必须有一些有关合理性的限制，这样寻找合理的对策才是有意义的。

Shapely 值给出了一组对策应满足的公理，并证明了在这些公理下合作对策是唯一的。

公理 1：对称性。如果取合作者 i 和 j，二者不同合作组合的收益均相同。表示合作获利的分配不随每个人在合作中的记号或次序变化。

公理 2：有效性。合作各方获利总和等于合作获利。

公理 3：虚拟性。对于包含成员 i 的所有子集 S，如果一个成员对于任何他参与的合作联盟都没有贡献，则他不应当从全体合作中获利。

公理 4：可加性。有多种合作时，每种合作的利益分配方式与其他合作结果无关，总的贡献度等于单个合作联盟贡献度的总和。

Shapely 值被证明是能满足这四条公理的，公式表示为：

$$\varphi_i(Pred)=\sum_{S\subseteq\{x_1,\cdots x\}|x|}\frac{|S|!(p-|S|-1)}{P!}\left[Pred\left(S\cup\{x_i\}\right)-Pred(S)\right] \quad （式 6-9）$$

式 6-9 中，x 是特征向量，包含成员 i 的所有子集形成的集合，集合配有一个权重 $\frac{|S|!(p-|S|-1)}{P!}$，其中，p 为子集 S 中含有的特征个数。Pred（S）为模型使用特征子集 S 时的预测结果，表示如下。

$$Pred_{x}(S)=\int\hat{f}(x_{1},\cdots\quad x_{p})dP_{x\notin S}-E_{\chi}\left(\hat{f}(x)\right)\qquad（式 6-10）$$

所以求 Shapely 值需要遍历所有特征组合子集。由于在计算中遍历的效率较低，通常采用近似抽样方法提高效率。具体来看，对于每个集合 S 抽取 M 次样本，每次迭代的过程中，除集合 S 外的特征均用抽取的样本替代，从而计算基于当前特征子集 S 得到的模型预测期望值。经抽样后的 Shapely 值表示如下。

$$\hat{\varphi}_{i}=\frac{1}{M}\sum_{m=1}^{1}\left[\hat{f}(x_{+i}^{m})-\hat{f}(x_{-i}^{m})\right]\qquad（式 6-11）$$

式 6-11 中，$\hat{f}(x_{+i}^{m})$ 和 $\hat{f}(x_{-i}^{m})$ 都是 x 的预测结果，不在子集中的特征值被来自随机样本中的特征值替换。区别是 $\hat{f}(x_{+i}^{m})$ 中特征 i 的值不会被随机替换，而 $\hat{f}(x_{-i}^{m})$ 中的特征 i 值会被替换。

SHAP 值是一种利用 Shapely 值可加性的特征贡献度量方法。SHAP 值将模型预测结果表示为所有输入特征的影响总和，具体公式如下。

$$g(z')=\varphi_{0}+\sum_{i=1}^{M}\varphi_{i}z_{i}'\qquad（式 6-12）$$

式 6-12 中，$g(z')$ 表示模型输出，$z_{i}'\in\{0,1\}^{M}$ 表示该特征是否在模型预测中有贡献。SHAP 值方法具有以下三种特性。

一是局部精确：各特征之间的影响与常数项之和等于模型的输出结果，

所以可以得到对于单个样本每个特征对模型结果的影响。

二是缺失无影响：特征值中的缺失值对模型的影响为零，不影响特征在模型预测中的重要性。

三是一致性：当单个特征的边际贡献度改变时，其余特征的边际贡献度不会随之改变。

本章小结

在上一章中，通过使用机器学习模型，我们实现了对货币危机、短期资本流出和外汇市场供求缺口三个层面的外汇市场风险事件的量化和预测，并找出了一系列对危机事件具有先行引导性的宏观和金融市场指标。但是，由于机器学习模型的“黑箱”特征，对单个的风险事件的触发机制和影响因素没有做出更详尽的解释。本章使用华盛顿大学最新的研究 SHAP 值解释法，对机器学习模型预测机制进行解读和分析，从而对单个危机事件的触发机制、触发因素、预测事件的先行指标进行量化分析，为外汇市场危机事件预测提供有力参考。通过从技术层面对曾经的外汇市场冲击进行研究分析，我们发现了以下内容。

一是本研究构建的机器学习模型（LightGBM）对单个危机事件和不同维度跨境资本流动风险都表现出较准确的预测性。

二是国内资本市场的波动和美国货币市场利率波动是引发货币危机事件的主要前瞻性因素。

三是外汇占款变动、资本市场波动、固定资产投资额变动和人民币汇率预期波动是三次短期跨境资本流出冲击的有效先行指标。

四是中国资本市场波动、工业增加值变动、外汇占款变动、发达经济体资本市场波动和美元隔夜利率波动是造成三次银行外汇供求缺口的有效先行

指标。

研究意义如下。

一是筛选和识别风险事件的预警指标，从而实现在宏观风险层面对单个危机事件“千人千面”画像，从而有针对性地对不同类别的风险进行分类检测和分析治理。

二是对宏观经济模型进行高维度特征机器学习建模存在特征重要性排序标准不统一的问题，这使模型解释性存在不稳定性，而本研究中的SHAP值法利用合作博弈论，从理论上解决了模型特征排序的一致性问题，使对模型预测的应用落在特征维度，从而提高了对重要先行指标的风险识别和监控。

三是SHAP值对模型的线性条件不做约束，量化了人脑难以理解的非线性模型结果的成因分析，在一定程度上解决了模型实用性和可解释的矛盾，是外汇领域科技监管的创新应用。

参 考 文 献

［1］刘变叶 . 金融科技结合的路径创新［M］. 北京：中国经济出版社，2021.

［2］中国互联网金融协会金融科技发展与研究专委会 . 隐私计算与金融数据融合应用［M］. 北京：中国金融出版社，2021.

［3］袁峰 . 互联网供应链金融研究［M］. 北京：中国原子能出版社，2021.

［4］田刚 . 大数据背景下金融信息安全的刑法保护［M］. 北京：中央民族大学出版社有限责任公司，2021.

［5］陆磊 . 跨境资本流动大数据宏观审慎管理 面向新时代的金融科技监管新框架［M］. 北京：中国金融出版社，2021.

［6］喻平 . 金融风险管理［M］. 北京：高等教育出版社有限公司，2022.

［7］刘浩华 . 博士生导师学术文库 P2P 供应链金融模式创新与风险管理［M］. 北京：光明日报出版社，2021.

［8］温红梅，姚凤阁，刘千 . 金融风险管理［M］. 5 版 . 沈阳：东北财经大学出版社有限责任公司，2021.

［9］刘志友 . 微型金融经营管理与创新［M］. 北京：中国金融出版社，2020.

［10］胡娜 . 现代企业财务管理与金融创新研究［M］. 长春：吉林人民出版社有限责任公司，2020.

［11］王周伟 . 金融管理研究［M］. 上海：上海三联书店，2020.

［12］胡建忠 . 解读金融资产管理公司［M］. 北京：中国金融出版社，2019.

［13］李曦寰 . 从进度到进步 解析金融科技项目管理［M］. 北京：中国金融出版社，2019.

［14］常振芳 . 互联网金融信用体系建设和风险管理研究［M］. 北京：中国

财富出版社，2019.

［15］李四平．经济与金融管理创新［M］．郑州：黄河水利出版社，2019.

［16］斯文．基于 Python 的金融分析与风险管理［M］．北京：人民邮电出版社，2019.

［17］谢非，赵宸元．金融风险管理实务案例［M］．北京：经济管理出版社，2019.

［18］李保旭，韩继炀，冯智．互联网金融创新与风险管理［M］．北京：机械工业出版社，2019.

［19］赫伯特·梅奥．金融学基础 金融机构、投资和管理导论［M］.12 版．北京：清华大学出版社，2019.